Seria de autor

Jorge Luis BORGES

Jorge Luis Borges, *Obras completas*

Pe copertă: ilustraţie de Tudor Pătraşcu

www.polirom.ro

Editura POLIROM
Iaşi, B-dul Carol I nr. 4; P.O. BOX 266, 700505
Bucureşti, Splaiul Unirii nr. 6, bl. B3A,
sc. 1, et. 1, sector 4, 040031, O.P. 53

Descrierea CIP a Bibliotecii Naţionale a României:

BORGES, JORGE LUIS

Poezii / Jorge Luis Borges; trad. din lb. spaniolă şi pref. de Andrei Ionescu; il. de Tudor Pătraşcu. – Ed. rev. şi adăug. – Iaşi: Polirom, 2023

ISBN: 978-973-46-9332-0

I. Ionescu, Andrei (trad.; pref.)
II. Pătraşcu, Tudor (il.)

821.134.2

Printed in ROMANIA

Jorge Luis BORGES

Poezii

Ediţie revăzută şi adăugită

Traducere din limba spaniolă şi prefaţă
de Andrei Ionescu

Ilustraţii de Tudor Pătraşcu

POLIROM
2023

Prefață

Este semnificativ faptul că activitatea literară a lui Jorge Luis Borges a început și s-a încheiat cu poezia. Mai mult, se poate spune că opera lui literară este în mod esențial poezie. În înțelesul amplu și profund pe care i-l dă scriitorul însuși: „Eu cred că unui poet (și uneori mă consider poet) toate lucrurile îi sînt date cu scopul de a fi preschimbate în poezie. Așa că nefericirea nu e cu adevărat nefericire. Nefericirea e o unealtă care ne e dată, la fel cum un cuțit poate fi o unealtă. Toată experiența ar trebui să devină poezie, și dacă sîntem cu adevărat poeți (și eu nu sînt cu adevărat, doar mă prefac), dar dacă aș fi cu adevărat poet, aș considera că fiecare clipă din viața mea e frumoasă, chiar dacă pe moment poate nu pare. Dar în final memoria transformă totul în frumos. Obligația noastră, datoria noastră e să transformăm emoțiile, amintirile, chiar și memoria lucrurilor triste în frumos. Asta ne e obligația. Și marele ei avantaj e că niciodată nu o îndeplinim. Mereu sîntem doar pe punctul de a o îndeplini“ (*Borges la 80 de ani*, traducere de Ariadna Ponta, Editura Polirom, Iași, 2014).

Cînd ne referim la Borges, este poate mai adevărată decît oricînd afirmația că fiecare pagină a unui scriitor autentic dă seama despre întreaga sa creație. Îl aflăm pe Borges întreg în ficțiuni narative precum „Ruinele circulare“ sau „Grădina potecilor ce se bifurcă“, ori în poeme ca „Labirintul“ sau „Heraclit“, bunăoară. Ceea ce nu înseamnă că alte ficțiuni narative ori alte poeme reverberează mai puțin semnificativ în vastul spațiu unitar alcătuit din ansamblul acestor piese ale unui fascinant mozaic. Se pot stabili, desigur, relative ierarhii sau exprima preferințe. Silit să se limiteze la două piese, un foarte bun cunoscător al operei lui Borges (Jaime Alazraki) se oprește la „Casa lui Asterión" și „Tlön, Uqbar, Orbis Tertius", pe care le consideră cele mai intense „metafore epistemologice" (după expresia lui Umberto Eco), capabile să rezume universul borgesian. Scriitorul însuși prefera să-și editeze selectiv opera, prin exigente *antologii personale,* din care excludea fără ezitare și fără regret paginile pe care în momentul respectiv le socotea simple încercări nefericite. Într-o asemenea selecție (din 1961), elimină aproape complet versurile din tinerețe și alege „Poemul darurilor", „Golemul", „Artă poetică", poeme care i se par cele mai rezistente, toate din volumul *Făuritorul* (1960).

Criteriul pentru selecția de față nu putea fi însă același. Acest volum, rezervat operei poetice, cuprinde piese din toate etapele creației lui Borges, potrivit ediției de bază, *Obras completas,* Emecé Editores, Buenos Aires, 1989-1996. Criteriul cronologic, respectat și în volumul de față, a fost împletit însă cu un alt criteriu, și anume acela (tradițional) al genurilor literare, chiar dacă, în cazul lui Borges, aplicarea lui este dificilă, dat fiind amestecul genurilor, ca urmare a spargerii tiparelor convenționale de către scriitorul care creează o specie mixtă, numită de el *ficțiune,* invenție eseistico-narativă și deopotrivă poematică, ce i-a asigurat, cum se știe, faima mondială și marchează în ordine formală originalitatea creației sale inconfundabile. Mai mult, unele volume (de pildă, *Făuritorul*) cuprind și versuri, și proză. Așa se face că, prin împletirea celor două criterii, din materia volumului amintit am reținut numai poezia.

Această reordonare a pieselor într-o variație caleidoscopică nu trădează însă nicidecum spiritul creației lui Borges, adevărat „teatru de semne", ca atâtea alte creații reprezentative ale contemporaneității. S-a putut spune, pe bună dreptate, că marea originalitate a lui Borges, tipică pentru ceea ce numim postmodernism, constă în extraordinara coerență a fragmentelor care-i alcătuiesc universul. Simțim întregul în fiecare piesă, surprindem conturul universului borgesian, chiar dacă unele piese lipsesc (și de aceea au putut fi excluse din selecțiile amintite ale autorului însuși), dar, în același timp, parcurgînd asemenea selecții, avem nostalgia pieselor lipsă, care, fiecare în parte și toate laolaltă, pot redeștepta speranța că un accent nou sau o nouă asociere de accente, o nuanță inedită, o variațiune proaspătă la vechile teme „eterne“ ne-ar aduce *fericirea* (termenul este chiar al scriitorului) furnizată de așteptarea înfiorată a actualizării virtualităților în care constă însăși esența fenomenului estetic: acea iminență, potrivit lui Borges, a unei revelații care întîrzie să se producă.

De aceea spuneam puțin mai înainte că, dacă, pe de o parte, fiecare fragment permite reconstituirea ansamblului și fiecare operă dă seama de întreaga creație a scriitorului, pe de altă parte, însă, nici una dintre ele, nici cele mai dense și reprezentative, cele care întrunesc adeziunea unanimă în alcătuirea celor mai riguroase selecții, nu pot constitui, nici una dintre ele, o „încheiere“, o „soluție“ definitivă. Este motivul pentru care antologia de față cuprinde poeme din toate volumele autorului, atît pe cele din perioada căutărilor tinerești de tip avangardist, curînd depășită de scriitorul care-și găsește în anii '30 glasul propriu, cît și, după o întrerupere semnificativă pentru această primenire a viziunii și totodată a mijloacelor, pe acelea din perioada maturității, începînd cu volumul *Făuritorul*.

După aceste prealabile lămuriri procedurale, putem trece la analiza poemelor, de care cititorul român nu e de altfel străin, ba chiar se poate afirma că e familiarizat cu ele. O carte recentă, *Artă poetică* (traducere de Mihnea Gafița, Editura Curtea Veche, București, 2002), ne oferă „Crezul unui poet“, care se adaugă gloselor autorului la cîteva poeme din volumul amintit *Borges la 80 de ani* și considerațiilor despre poezie din volumul de conferințe *Frumusețea ca senzație fizică* (traducere de Valeriu Pop, Editura Paideia, București, 1998). Nu strică să amintim aici, pentru a marca printr-o mărturie străină receptivitatea noastră deosebită la opera lui Borges, că, într-un text omagial din 1971, John Updike mărturisea că a luat hotărîrea de a-l citi cu atenție pe Borges la București, în timpul unei vizite la Uniunea Scriitorilor, impresionat de elogiul unui tînăr critic român „pe un ton pe care tot el, puțin mai înainte, îl rezervase lui Kafka".

Într-un mediu atît de prielnic receptării noutăților cum este mediul literar românesc, Borges a devenit de cîteva decenii unul dintre scriitorii cei mai îndrăgiți și comentați cu interes acut și subtilitate.

De altfel, se poate spune (și avem aici un alt motiv al rolului secundar pe care-l acordăm gloselor și al insistenței asupra „simplei" lecturi) că exegeza operei lui Borges e dificilă doar sub aspectul problematicii, cu alte cuvinte, pentru că această problematică este intrinsec dificilă, nu pentru că scriitorul și-ar încripta scrierile. Misterul este al lumii, nu al trucurilor. Borges joacă întotdeauna cu cărțile pe față, nu ascunde în mînecă nici un as de pică, nu-și complică artificial și inutil textele cu deliberate enigme calpe. Unele obscurități ale barochismului juvenil din anii de ucenicie s-au risipit curînd, lăsînd loc limpezimii clasice din lunga perioadă a maturității, cînd s-a configurat organic (stabil și dinamic, vechi și nou în același timp) universul său atît de personal și generic totodată, al lui și al nostru deopotrivă, dacă ne gîndim că forța de convingere a creației lui Borges constă în enorma ei virtute exponențială. Azi simțim ca Borges pentru că ieri Borges a intuit și a exprimat sensibilitatea în stare născîndă a tuturor. Calificative de tipul „Borges, scriitorul emblematic al veacului XX" sau revendicarea drept „merit" suprem al omului de astăzi, literat sau nu, de a fi fost contemporan cu Borges ne indică tocmai această conștiință a platformei comune de sensibilitate ca premisă a unei receptări plenare. Există o acută nevoie de Borges, iar lectura masivă a textelor lui, care este implicit o interpretare, acea interpretare de care cititorii activi care sîntem – și nu în ultimul rînd tocmai datorită lui Borges – nu ne putem dispensa, ci ne-o asumăm de bunăvoie, izbutește să satisfacă această nevoie în asemenea măsură și într-un asemenea grad de implicare, încît ne transformă în scriitorii textelor citite și trăite cu vibrația participării solidare.

Pot fi totuși binevenite cîteva orientări ale lecturii, oricît de personală și originală (cu originea în propria noastră experiență de viață și cultură) este aceasta, cu ajutorul unor date de istorie literară. Dat fiind că selecția de față cuprinde poeme din toate etapele unei lungi evoluții, să ne amintim pe scurt traiectul literar al scriitorului.

Borges și-a început cariera literară ca poet ultraist în anii '20. Cînd proza fantastică a dobîndit ponderea principală în creația sa (anii '30), concepția estetică a scriitorului depășise idealurile avangardiste și cultul pentru metaforă din programul ultraismului. Perioada anilor '30 și '40 se caracterizează prin critica încercărilor ce i se par a fi fost un experimentalism inconsistent. În același timp critica sa țintește stilul regional (literatura naționalist-creolă), cu atît mai mult cu cît el însuși comisese „păcatul“ de a se fi lăsat sedus de culoarea locală și prețiozitățile barochiste ale acestei orientări. Cu timpul, viziunea lui estetică se clasicizează și scriitorul devine un reper fundamental pentru înțelegerea posibilităților de a crea noi forme de artă în cadrul tradiției, nu ca o simplă repetare mecanică și fatal epigonică, de fidelitate minoră și în fond falsă prin anacronism, ci dimpotrivă, ca o autodepășire și o necontenită căutare a *loialităților* succesive (cuvîntul revine des în mărturisirile sale de credință), în cadrul unei evoluții necesare spre ceea ce se va numi curînd postmodernism.

Creația maturității depline (atît ficțiunile narative, cît și poemele acestei perioade) ne oferă o literatură intertextuală de mare luciditate critică, în care lectura și scriitura se întrepătrund intim și manifestările ludice ale expresiei literare precumpănesc tot mai mult. O literatură autoreflexivă și analitică, o literatură de idei, în care seriozitatea metafizică nu exclude prezența jocului, a fanteziei, a invenției ca descoperire, a expresiei autentic libere și necesare, într-un cuvînt bucuria marii creații. Prin această stare de spirit menită să reabiliteze vechea seninătate clasică și să-i confere o nouă prospețime, Borges este omagiat astăzi, cum știm, ca un promotor, inspirator și părinte veșnic tînăr al literaturii contemporane. Cele mai multe poeme cuprinse în volumul de faţă ilustrează, bineînţeles, această ultimă etapă, a maturităţii depline, în liniştită expansiune clasică.

Comentarii preţioase (poate cele mai preţioase, fiind în acelaşi timp glose şi mărturisiri de credinţă) ne oferă autorul însuşi în „Prologurile" la fiecare dintre volumele (toate) din care s-a operat selecţia de faţă. Puse cap la cap, ele alcătuiesc exegeza unui itinerar complet. În cazul volumelor din tinereţe, aprecierile din prologuri sînt tîrzii, din anii '60, cînd importante edituri au început să-i publice operele complete, ceea ce ne îngăduie să cunoaştem deosebirile (marcate net de Borges însuşi) dintre viziunea care a guvernat crearea poemelor şi viziunea uneori foarte diferită din momentul în care le judecă. Aceste poeme ale începuturilor, cu dibuirile lor inerente („neclarităţi", „sentimentalisme exagerate" şi „excese baroce", potrivit scriitorului care se resemnează să le corecteze, fără a rescrie însă cartea), ne oferă totuşi imaginea unui Borges care poate fi uşor regăsit în operele de mai tîrziu, ale „adevăratului" Borges: „Sîntem unul şi acelaşi; amîndoi sîntem mari admiratori ai lui Schopenhauer, Stevenson şi Whitman. Pentru mine, *Fervoarea Buenos Airesului* prefigurează tot ce aveam să fac mai tîrziu. Pentru ce lasă să se întrezărească, pentru ceea ce făgăduia într-un fel sau altul, l-au aprobat cu generozitate Díez Canedo şi Alfonso Reyes". La care noi am putea adăuga şi alte „aprobări", motivate nu atît de „generozitate", cît de intuiţia sigură şi exigentă a valorii promisiunilor, a sensibilităţii personale a tînărului Borges, în anii uceniciei spaniole (1918-1921), cînd frecventa două celebre cenacluri ale Madridului literar, prezidate de Cansinos-Asséns şi Gómez de la Serna. Cel dintîi observă înainte de toate că tînărul argentinian acceptă spiritul literar al momentului „fără a se îmbăta cu mustul cel nou" şi „fără a face paradă de noutate", iar cel de al doilea, marele Ramón, unul dintre numele cele mai răsunătoare ale avangardei europene, îi remarcă spiritul independent, în termeni ce nu-şi vor pierde adecvarea nici pentru etapele ulterioare ale scriitorului: „Un tînăr palid, înzestrat cu o mare sensibilitate, un tînăr pe jumătate copil, pe care nu-l găsești niciodată atunci cînd îl cauți. Retras, depărtat, nesupus, arareori citea cîte o poezie, care era ca o pasăre exotică și de lux pe cerul zilei".

Revenirea scriitorului la poezie în anii '50 și cultivarea ei tot mai asiduă pînă la sfîrșitul vieții a făcut să se vorbească despre Borges ca poet înainte de orice altceva, subliniindu-se totodată calitatea poetică a tuturor scrierilor sale. S-a văzut mai limpede decît înainte (Zunilda Gertel, *Borges y su retorno a la poesía*, 1967) că este un „făuritor" (*hacedor*), că este poetul creator în sensul etimologic al cuvîntului.

Expresia lirică, de preferință în forme prozodice tradiționale, cu precumpănirea sonetului, a fost explicată, dincolo de posibilitatea de a reține mnemotehnic mai ușor, în anii orbirii progresive, propriile creații pe parcursul elaborării, printr-o cauză mai profundă: aflarea „simbolului personal" (Gertel), elementul esențial al căutărilor metafizice: „Ajung la centrul meu, / la algebra mea și la cheia mea, / la oglinda mea. / Curînd voi ști cine sînt" („Elogiul umbrei").

Întoarcerea la poezie ar putea fi interpretată, așadar, ca împlinirea și sinteza supremă a maturității sale creatoare. Dacă unul dintre accente este caracterul „personal" al poeziei lui Borges, alt accent definitoriu ar putea fi dimensiunea culturală. Guillermo Sucre, într-un studiu din 1968, *Borges, el poeta,* subliniază înainte de toate faptul că avem de-a face cu o poezie de cititor, o poezie a „vastului cititor" care este Borges. Cele două accente se dovedesc a fi convergente, constituind în fond una și aceeași aventură: căutarea lumii și căutarea de sine în lume. Lectura este un mod de a trăi și de a visa lumea. Trăim într-un vis și în același timp într-o „înspăimîntătoare" stare de veghe. Dar propria noastră operă ne va dezvălui identitatea, iar prin operă putem înțelege tot ce exprimăm sau toate chipurile prin care ne exprimăm, deopotrivă scriitura și lectura: „Să se laude alții cu paginile pe care le-au scris; / eu mă mîndresc cu cele pe care le-am citit" („Un cititor").

Universul poemelor nu este și nu putea fi altul decît acela al ficțiunilor și eseurilor, dar se poate remarca indiscutabil o deosebire de accent. Scriitorul a simțit tot mai acut, în anii maturității depline, nevoia de a se exprima pe sine direct, cu o intensitate și o vibrație lirică neîntîlnite în ficțiuni. Revin, firește, în chip de mărturii ale propriilor experiențe, temele, motivele și simbolurile cunoscute: cultul străbunilor, pasiunea cărților, labirintul, spada, oglinzile, tigrul, timpul, uitarea și memoria. Se adaugă treptat: orbirea, bătrînețea, moartea. Este reluată, ca de atîtea ori în lumea hispanică, ecuația de identitate dintre viață, iubire și moarte. Iar aventura existenței se confundă cu poetica. De aceea, una dintre cărți se intitulează *Elogiul umbrei*. Umbra ca simbol variat: orbirea progresivă, bătrînețea, presentimentul morții, care se preschimbă într-o iluminare. Consemnînd aventura morții, elogiul umbrei devine un elogiu al lumii, al lumii văzute de un om în același timp rănit și senin, descumpănit și fericit. Acest elogiu e o înțelepciune sau începutul unei înțelepciuni. Prin intermediul ei, Borges speră să ajungă la *persoana* lui autentică, creată și inventată necontenit de operă. Asemenea vieții, poezia e tot o aventură imprevizibilă și un risc. Nu-i aparține întru totul, e supusă timpului.

De la *Elogiul umbrei*, chiar de la *Făuritorul*, fiecare volum de poeme este o sumă a universului borgesian, cu elementele componente știute și amintite, la care am putea adăuga tangoul, cuțitarii, Buenos Aires, Anglia, Biblia, bibliotecile, călătoriile, Whitman, Joyce, De Quincey. Tot ce conferă înțeles mitologic universului. Nimic nou în aparență, în afară de ce am uitat să ne reamintim, căci în realitate totul e vechi și nou. Întregul univers se reordonează într-o lumină diferită, puternică, în care lucrurile sînt distincte și interdependente. Simțim în fiecare dintre poemele maturității prezența imediată și retrospectivă a unui om care, ajungînd la capătul destinului său, intuiește că în același timp abia îl începe.

„O zi de om pe toate cu uimire / le ține-ntr-însa“, citim într-unul dintre poemele închinate lui Joyce. În această propoziție, care condensează vasta tentativă creatoare a lui Joyce din *Ulise*, se simte totodată întreaga concepție borgesiană despre ceea ce s-a numit extazul timpului, o mișcare de suprapunere și simultaneitate mai curînd decît de succesiune. Perpetuă mișcare imobilă, această zi totală nu e supusă unui ritm progresiv, ci unui ritm circular. Astfel, „șuvoiul / de timp terestru la izvor se-ntoarnă, / la Veșnicie“, căci, deși trăim în temporal, aspirăm la eternitate. De aceea, în finalul poemului dorește să poată avea „noi puteri și bucurii“, pentru „a înfrunta urcușul încă-o zi“. El și noi toți. Pentru a înfrunta urcușul, moartea, uitarea, dar și amintirea, sfîrșitul care e un nou început, toate fiind forme ale unei mereu reînnoite posesiuni. Și, pentru că sîntem la acest exemplu, la una dintre nenumăratele încercări borgesiene de a descifra lumea prin intermediul uneia dintre figurile sale paradigmatice, să adăugăm o idee din alt poem pe care i-l închină, anume „Invocație către Joyce“. Lumea și arta, deși impersonale, sînt aventuri pe care fiecare individ trebuie să le trăiască în chip radical și personal. Ceea ce le face posibile este tocmai această experiență individuală mereu reasumată. Joyce solitarul, exilatul, omul „infernurilor splendide“, este marele simbol al aventurii creatoare a artei contemporane, poetul care încearcă să scrie cartea care să-l justifice în ochii celorlalți. Această carte este Cartea, care va rămîne mereu neterminată. Fiecare om, fiecare rînd de oameni își asumă necontenit sarcina de a o scrie sau de a o rescrie. Fiindcă moartea, care ne oprește să ne încheiem lucrarea, este un sfîrșit și totodată un început. Cartea e circulară precum universul. Biblioteca e nelimitată și periodică.

Asemenea comentarii s-ar putea schița și pentru alte motive și simboluri din poemele acestei antologii. Mai curînd însă decît o exegeză propriu-zisă, care să încerce a reconstitui universul lui Borges prin intermediul poemelor, mi se pare potrivită aici pregătirea pentru lectură, situarea în perspectiva cea mai favorabilă și inducerea stării sufletești care să îngăduie rezonanța maximă a semnificațiilor și a emoțiilor. Cred că nu simplificăm complexitatea universului poetic borgesian dacă rezumăm starea de spirit fundamentală a autorului prin cuvîntul *recunoștință*. Borges este în mod fundamental un recunoscător, și în scrierile lui întîlnim numeroase și esențiale accente de gratitudine pentru tot ce i-a fost dat. Exemplele cele mai cunoscute (și care pot fi regăsite în culegerea de față) sînt „Poemul darurilor“ și „Alt poem al darurilor“, un nou cînt franciscan de laudă adusă lucrurilor și mulțumiri pentru bucuriile pe care ne-a fost dat să le trăim prin intermediul lor și împreună cu ele. Reiau, de aceea, în acest final de prezentare a volumului, un comentariu al poemului „Endymion în Latmos“, făcut chiar de Borges cu prilejul unui recital din 1980, la Universitatea Indiana, și vreau să subliniez în mod deosebit accentele de participare, implicare și reprezentativitate, precum și acelea de recunoștință și bucurie, pe care le cuprinde poemul: „«Endymion în Latmos» e un poem mitologic și poate singurul poem personal pe care l-am scris vreodată. Pentru că Endymion, ca orice mit, nu e o plăsmuire, nici pură rațiune. Endymion reprezintă toți oamenii. Așa spui cînd un bărbat a fost iubit, că a fost iubit de divinitate, a fost iubit de o zeiță, a fost iubit de lună. De aceea mă gîndesc că am dreptul să compun acest poem, pentru că, la fel ca toți bărbații, am fost și eu cel puțin o dată, de două ori sau de trei ori, Endymion. Am fost iubit de o zeiță. După aceea m-am simțit nedemn de această iubire, dar în același timp recunoscător. Pentru că de ce ar dura lucrurile bune? Cum spunea Keats, «Eternă bucurie-i frumusețea». Faptul de a fi iubit sau a fi fost iubit, asta se poate reprezenta prin povestea lui Endymion și a lunii, și eu m-am străduit să aduc poemul ăsta la viață și să nu vă las senzația că se inspiră din *Dicționarul clasic* al lui Lemprière, ci din propria mea soartă și din soarta proprie a tuturor oamenilor, din toată lumea, din toate timpurile“.

Să ne bucurăm împreună.

Andrei Ionescu

Pentru Leonor Acevedo de Borges

Vreau să consemnez în scris o mărturisire, care va fi în același timp intimă și generală, fiindcă ceea ce i se întîmplă unui om li se întîmplă tuturor. Vorbesc despre ceva îndepărtat și pierdut, despre ziua mea onomastică, pe cînd eram mic. Primeam cadouri și mă gîndeam că nu sînt decît un copil și că nu făcusem nimic, absolut nimic, ca să le merit. Bineînțeles, n-am spus asta niciodată; copilăria e sfioasă. De atunci mi-ai dat atîtea lucruri și s-au adunat atîția ani și atîtea amintiri! Tata, Norah, bunicii, amintirea ta și, prin intermediul ei, amintirea străbunilor – curțile interioare, robii, sacagiul, atacul husarilor din Perú și oprobriul lui Rosas –, închisoarea pe care a trebuit s-o suporți pentru curajul tău, cînd atîția bărbați tăceam, diminețile din Paso del Molino, Geneva și Austin, clipele de lumină și cele de umbră pe care le-am trăit împreună, bătrînețea ta proaspătă, iubirea ta pentru Dickens și Eça de Queiroz, și înainte de toate tu, Mamă.

Aici stăm de vorbă amîndoi, et tout le reste est littérature, *cum a scris, făcînd excelentă literatură, Verlaine.*

J.L.B.

Fervoarea Buenos Airesului

(1923)

Prolog

Nu am rescris cartea. Am atenuat excesele ei baroce, am șlefuit asperități, am șters unele sentimentalisme exagerate și unele neclarități și, în cursul acestei operații uneori plăcute, alteori incomode, am simțit că acel tînăr din 1923 care a scris-o era încă de atunci în mod esențial – ce înseamnă esențial? – adultul care acum se resemnează să o corecteze. Sîntem unul și același; amîndoi sîntem mari admiratori ai lui Schopenhauer, Stevenson și Whitman. Pentru mine, Fervoarea Buenos Airesului *prefigurează tot ce aveam să fac mai tîrziu. Pentru ce lăsa să se întrezărească, pentru ceea ce făgăduia într-un fel sau altul acest volum, l-au aprobat cu generozitate Enrique Díez-Canedo și Alfonso Reyes.*

Asemenea tinerilor din 1969, cei din 1923 erau sfioși. Temîndu-se de o sărăcie intimă, încercau la fel ca astăzi să o escamoteze sub inocente noutăți zgomotoase. Eu, bunăoară, mi-am propus prea multe obiective: să imit unele imperfecțiuni (care îmi plăceau) din opera lui Miguel de Unamuno, să fiu un scriitor spaniol din veacul al șaptesprezecelea, să fiu Macedonio Fernández, să descopăr metaforele pe care Lugones le descoperise mai înainte, să cînt un Buenos Aires cu case scunde și, spre apus sau spre miazăzi, cu vile cu ferestre zăbrelite.

În vremea aceea, căutam înserările, periferiile și nefericirea; acum caut diminețile, centrul și seninătatea.

J.L.B.

Buenos Aires, 18 august 1969

Celui ce va citi

Dacă paginile acestei cărți îngăduie vreun vers fericit, îl rog pe cititor să-mi ierte impolitețea de a-l fi uzurpat eu în prealabil. Nimicniciile noastre se deosebesc foarte puțin; este banală și întîmplătoare împrejurarea că tu ești cititorul acestor încercări, iar eu sînt cel care le-a compus.

Jocul de *truco*

Patruzeci de cărți de joc deplasează viața.
Împestrițate talismane de carton
ne fac să ne uităm destinele,
și o creație surîzătoare
umple timpul răpit
cu înfloritele șotii
ale unei mitologii de mahala.
La marginile mesei
viața celorlalți se oprește.
Înăuntru se află o țară ciudată:
aventurile mizei și plusării,
autoritatea asului de pică,
precum a lui don Juan Manuel, covîrșitoare,
și șaptele de caro zornăind nădejdi.
O-ncetineală neglijentă
face să-ntîrzie cuvintele,
și cum alternativele jocului
se repetă întruna,
jucătorii din seara asta
copiază vechi levate,
fapt ce-i reînvie puțin, foarte puțin,
pe jucătorii de altădată,
care-au lăsat moștenire timpului din Buenos Aires
aceleași versuri și aceleași trucuri.

Trandafirul

Trandafirul,
nepieritorul trandafir pe care nu mă încumet să-l cînt,
greu de miresme,
trandafirul din grădina neagră în puterea nopţii,
cel din orice grădină şi orice înserare,
trandafirul ce renaşte din uşoara
cenuşă prin arta alchimiei,
trandafirul persanilor şi al lui Ariosto,
cel întotdeauna singur,
întotdeauna trandafirul trandafirilor,
tînăra floare platonică,
arzătorul şi orbul trandafir pe care nu mă încumet să-l cînt,
trandafirul de neatins.

Sfîrşit de an

Nici detaliul simbolic
de a înlocui un trei cu un doi,
nici această metaforă deșartă,
care cheamă un lapsus ce moare și altul ce se naște,
nici săvîrșirea unui proces astronomic
nu tulbură și nici nu zdruncină
podișul acestei nopți
și ne obligă să așteptăm
cele douăsprezece bătăi inexorabile.
Cauza adevărată
e bănuiala generală și nedeslușită
că Timpul este o enigmă;
e uimirea în fața miracolului
că în pofida infinitelor întîmplări,
în pofida faptului că sîntem
stropi din rîul lui Heraclit,
ceva stăruie în noi:
nemișcător.

Cartier

Lui Guillermo de Torre

Cartierul este reflexul plictisului nostru.
Pașii au început să-mi șchioapete
cînd trebuiau să pășească pe linia orizontului,
și am rămas între casele
dispuse în pătrate de cvartaluri
diferite și egale,
de parcă toate ar fi
monotone amintiri repetate
ale unui singur cvartal.
Smocurile de iarbă,
în așteptare disperată,
ieșeau printre pietrele caldarîmului
și am zărit în depărtare
cărțile de joc în culorile asfințitului
și am simțit întregul *Buenos Aires*.
Orașul acesta, pe care l-am crezut trecutul meu,
este pentru mine viitorul și prezentul;
anii pe care i-am trăit în Europa sînt iluzorii,
eu am fost întotdeauna (și voi fi) la Buenos Aires.

Remuşcare pentru orice moarte

Desprins de memorie și de speranță,
nelimitat, abstract, aproape viitor,
mortul nu e un mort: este moartea.
Precum Dumnezeul misticilor,
căruia trebuie să i se refuze toate predicatele,
mortul pretutindeni străin
nu este decît pierzania și absența lumii.
Îi răpim totul,
nu-i lăsăm nici o culoare, nici o silabă:
aici e curtea pe care ochii lui n-o mai văd,
acolo e trotuarul unde speranța lui a stat la pîndă.
Pînă și ce gîndim ar putea gîndi și el;
ne-am împărțit ca hoții
averea nopților și a zilelor.

Inscripție pe orice mormînt

Nu trebuie să riște marmura temerară
guralive transgresiuni spre atotputernicia uitării,
enumerînd dezlînat
numele, opinia, evenimentele, patria.
Atîtea mărgele de sticlă adjudecate zac în întuneric,
marmura să nu spună ce țin sub tăcere oamenii.
Esențialul din viața săvîrșită –
tremurătoarea speranță,
miracolul implacabil al durerii și uimirea bucuriei –
va dăinui mereu.
Sufletul abuziv cere orbește dăinuire,
atunci cînd îi este asigurată în vieți străine,
cînd tu însuți ești oglinda și replica
celor ce n-au obținut timpul tău,
și alții vor fi (și sînt) nemurirea ta pe pămînt.

Întoarcerea

După ani de exil,
m-am întors la casa copilăriei
și încă mi-e străină ambianța ei.
Mîinile mele au atins copacii
cum ai atinge pe cineva care doarme
și am reluat vechi drumuri,
de parcă aș fi recuperat un vers uitat,
și am văzut, cînd s-a lăsat seara,
fragila lună nouă,
care s-a ghemuit în adăpostul întunecat
al palmierului cu frunze înalte
precum pasărea în cuibul ei.
Ce noian de ceruri
va cuprinde curtea între zidurile ei,
cîte asfințituri eroice
vor pieri în capătul străzii
și cîte seceri de lună nouă
vor inunda grădina cu duioșia lor,
înainte de a mă recunoaște casa
și de a fi din nou pentru ea o veche obișnuință!

Revărsat de zori

În profunda noapte universală,
pe care felinarele încearcă s-o contrazică,
o rafală rătăcită
a jignit străzile taciturne
ca un presentiment înfiorat
al revărsatului de zori îngrozitor ce dă tîrcoale
dărăpănatelor suburbii ale lumii.
Atras de umbră
și speriat de-amenințarea dimineții,
am retrăit cumplita ipoteză,
de Schopenhauer și de Berkeley avansată,
precum că lumea este
o activitate a minții,
un vis al sufletelor,
fără temei, nici scop, nici consistență.
Și cum ideile
nu-s veșnice ca marmura,
ci nemuritoare ca o pădure ori un rîu,
doctrina anterioară
și-a asumat altă formă în zori,
iar superstiția acestui ceas
cînd lumina, asemeni iederei,
implică pereții umbrei,
mi-a supus rațiunea
și a trasat următorul capriciu:
dacă lucrurile sînt lipsite de substanță

și acest forfotitor Buenos Aires
nu este altceva decît un vis
pe care-l făuresc cu-mpărtășită magie sufletele,
atunci există o clipă
în care, din nefericire, ființa lor e în primejdie,
și aceasta e clipa înfiorată a zorilor,
cînd sînt puțini cei ce visează lumea
și doar cîțiva noctambuli păstrează,
cenușie și abia schițată,
imaginea străzilor
pe care le vor defini apoi cu ceilalți împreună.
O, ceas în care visul îndîrjit al vieții
e pîndit de primejdia destrămării,
ceas în care i-ar fi ușor lui Dumnezeu
să-și năruie cu totul lucrarea!

Dar lumea s-a mîntuit din nou.
Lumina se împrăștie inventînd culori spălăcite,
iar eu, nu fără o ușoară remușcare
pentru complicitatea la renașterea zilei,
mă îndrept spre casă și o găsesc
buimacă și înghețată în lumina albă,
pe cînd o pasăre rupe tăcerea
și noaptea ostenită
rămîne doar în ochii orbilor.

Simplitate

Pentru Haydée Lange

Se deschide poarta dinspre grădină
cu docilitatea paginii
pe care-o dăruire statornică o cercetează,
iar înăuntru privirile
nu mai simt nevoia să se ațintească pe obiectele
ce s-au întipărit adînc în amintire.
Cunosc obiceiurile și sufletele
și graiul de aluzii
pe care oamenii ce-și duc viața împreună îl urzesc.
Nu am nevoie să vorbesc
și să mă-mpăunez cu hrisoave ticluite:
mă cunosc prea bine cei ce mă-nconjoară,
îmi știu neliniștile și slăbiciunea.
Asta înseamnă să dobîndești darul cel mai de preț
pe care, poate, ni-l va da Cel de Sus:
nu laude deșarte, nici lauri de victorii,
ci pur și simplu îngăduința
de-a face parte din Realitatea necontestată,
asemenea pietrelor și copacilor.

Plimbare

Aromată ca un ceai de *mate* concentrat,
noaptea apropie depărtări rustice
și golește străzile
ce-mi însoțesc singurătatea,
alcătuite dintr-o nedeslușită teamă și linii prelungi.
Briza aduce presentimente de cîmpie,
dulceață de conacuri, amintirea plopilor,
ce face să tresalte sub asfaltul înțepenit
încătușatul pămînt viu
care susține greutatea caselor.
Zadarnic ascunsa noapte felină
înfioară balcoanele închise
care-și dezvăluie-n lumina serii
nădejdile nefățărit ca o copilă.
Mai este și tăcerea din cerdacuri.
În umbra-ncovoiată,
ceasornicele miezului de noapte înălțător
deșartă timpul vast și generos,
un timp amplu,
în care încap toate visele,
un timp cu suflet larg, deosebit
de termenele avare ce măsoară
activitățile cotidiene.
Sînt singurul spectator al acestei străzi;
de-aș înceta s-o privesc, ar muri.
(Privirea mi-e atrasă de-un lung zid alarmat,

de agresiunea gardului de fier
și de un felinar galben ce-și răspîndește temător
lumina indecisă.
Și de stelele pîlpîitoare.)
Măreață și vie,
asemenea aripilor întunecate ale unui Înger
ce-acoperă ziua,
învăluie noaptea străzile sărăcăcioase.

Apropieri

Curțile interioare și vechea lor certitudine,
curțile înălțate
pe pămînt și în cer.
Ferestrele cu zăbrele
de la care strada
devine familiară ca o lampă.
Dormitoarele largi
în care mahonul arde cu flacără liniștită
și oglinda cu străluciri palide
pare un iaz în umbră.
Răspîntiile întunecoase
din care se desfac patru distanțe infinite
spre mahalale de tăcere.
Am numit locurile
în care se revarsă duioșia
și sînt singur cu mine însumi.

Despărţire

Între iubita mea și mine se vor ridica
trei sute de nopți ca trei sute de ziduri,
iar marea va fi o taină între noi.

Nu vor mai fi decît amintiri.
O, înserări cu care m-a învrednicit durerea,
nopți pline de speranța de a te privi,
cîmpii pe care-mi deschid drum, cer înstelat
pe care-l prind cu privirea și îl pierd...
Definitivă ca marmura,
absența ta va întrista alte înserări.

Rînduri pe care le-aş fi putut scrie şi rătăci în 1922

Tăcute bătălii ale asfințitului
în mahalale depărtate,
mereu vechi înfrîngeri ale unui război în cer,
aurore palide ce ajung la noi
din adîncul pustiu al spațiului
și din adîncul timpului,
negre grădini ale ploii, un sfinx al unei cărți
pe care-mi era frică s-o deschid
și a cărei imagine revine în vise,
degradarea și ecoul care vom fi,
razele lunii căzînd pe marmură,
copaci ce se înalță și stau de strajă
în chip de zeități liniștite,
noaptea mutuală și înserarea mult așteptată,
Walt Whitman, al cărui nume este universul,
spada vitează a unui rege
în tăcuta albie a unui rîu,
saxonii, arabii și goții
care, fără să știe, m-au zămislit,
sînt eu oare aceste lucruri și altele,
ori ele sînt chei tainice și dificile algebre
pentru ceea ce nu vom ști niciodată?

Luna de pe cer

(1925)

Prolog

Prin 1905, Hermann Bahr a decretat: Singura datorie, să fii modern. *Douăzeci și ceva de ani mai tîrziu, mi-am impus și eu această obligație cu totul inutilă. A fi modern înseamnă a fi contemporan, a fi actual; sîntem cu toții moderni în mod fatal. Nimeni – în afară de un aventurier visat de Wells – n-a descoperit arta de a trăi în viitor sau în trecut. Nu există operă care să nu fie a timpului său; scrupulosul roman istoric* Salammbô, *ale cărui personaje sînt mercenarii războaielor punice, este un tipic roman franțuzesc din veacul al nouăsprezecelea. Nu știm nimic despre literatura din Cartagina, care a fost probabil bogată, dar nu putea include în nici un caz în perimetrul ei o carte ca aceea a lui Flaubert.*

Uitînd că eram mai demult, am vrut și eu să fiu neapărat argentinian. Am căzut în greșeala de a achiziționa cîteva dicționare de argentinisme, care mi-au furnizat cuvinte pe care astăzi abia le pot descifra: bojdeucă, pipirig, pociumb...

Orașul la care se referă poemele din Fervoarea Buenos Airesului *nu încetează o clipă să fie intim; orașul din acest volum are ceva ostentativ și public. Nu vreau să fiu nedrept cu el. Cîteva compoziții – „Trăsura generalului Quiroga se îndreaptă spre moarte" – posedă probabil întreaga frumusețe cuceritoare a unui abțibild; altele – „Manuscris găsit într-o carte de Joseph Conrad" – nu-l fac de rușine, îmi îngădui să afirm, pe cel care le-a compus. Fapt sigur este că le simt străine; nu mă privesc nici erorile lor, nici eventualele lor virtuți.*

Am făcut puține modificări în această carte. Acum nu mai e a mea.

J.L.B.

Buenos Aires, 25 august 1969

O despărţire

Înserare ce-ai subminat despărţirea noastră.
Înserare tăioasă, încîntătoare şi monstruoasă,
    asemeni unui înger întunecat.
Înserare în care buzele noastre au cunoscut intimitatea pură
    a sărutărilor.
Timpul inevitabil se revărsa
    peste îmbrăţişarea inutilă.
Făceam risipă de pasiune împreună, nu pentru noi,
    ci pentru singurătatea ce curînd avea să vină.
Lumina ne-a respins; noaptea sosise în mare grabă.
Te-am condus acasă în ceasul de gravitate al umbrei pe care
    numai luceafărul o atenuează.
Precum cel ce se-ntoarce dintr-o pajişte pierdută, aşa m-am
    întors eu desprins din îmbrăţişarea ta.
Precum cel ce se-ntoarce dintr-un tărîm de spade, aşa m-am
    întors eu din lacrimile tale.
Înserare ce rămîi vie ca un vis
    printre celelalte înserări.
Aveam să ating apoi şi să las în urmă
    rînd pe rînd nopţi şi depărtări.

Trăsura generalului Quiroga înaintează spre moarte

În surpătura arsă uscatu-s-au scaieții,
se zgribulește luna-n răcoarea dimineții,
e cîmpul rupt de foame, sărac ca un paing.

Trăsura se hurducă pe drumul cel șoldiu,
o veche hardughie-i, un necuprins sicriu.
Acoperindu-și fața, năimiții ucigași
și-ascund cu grijă frica, își fac cu greu curaj.

Un negru călărește pe lîngă surugiu.
Să te-ntîlnești cu moartea – ce gînd de zurbagiu! –
mergînd într-o trăsură. Viteazul general
decapitați avut-a-n alaiul funerar.

Meșteșugită cursă întinsu-i-au vrăjmașii.
Se-ațin la umbră-n codru la pîndă ucigașii.
Încrezător, își spune: „Eu nu mă tem de plumb
înfipt adînc în pampă ca ascuțit pociumb.

Eu, ce ieșit-am teafăr din mii de-ncăierări
și spaimă semănat-am în inimi de lăncieri,
n-am hoit să putrezească în reci pustietăți.
Ca orice om al pampei, în piept am șapte vieți".

Peste Barranca Yaco iar zorii s-au ivit,
și ne-nfricate spade turbat l-au despicat.
Un ucigaș în clipa-i din urmă-a pomenit
pe Juan Manuel de Rosas, dușman neîmpăcat.

Defunct ori viu, revine pe sîngeroasa cale,
spre-a se-nturna degrabă la iadul hărăzit.
Orbește cum ascultă de ordinele sale
îi vede pe-osîndiții cu suflet chinuit.

Fanfaronadă de linişte

Scripturi de lumină se năpustesc asupra umbrei, mai uimitoare decît meteorii.
Mîndrul oraș necunoscut se revarsă peste cîmpie.
Sigur de viața și de moartea mea, mă uit la ambițioși și-aș vrea să-i înțeleg.
Ziua lor e lacomă ca un laț în aer.
Noaptea lor e răgazul mîniei în tăișul spadei, gata să se dezlănțuie.
Vorbesc despre omenie.
Omenia mea înseamnă să simt că sîntem glasurile aceleiași sărăcii.
Vorbesc despre patrie.
Patria mea e un acord de chitară, cîteva portrete și o spadă veche,
Rugăciunea curată a pîlcului de sălcii în asfințit.
Timpul mă trăiește pe mine.
Mai tăcut decît umbra mea, trec prin mulțimea lacomă.
Ambițioșii se cred indispensabili, unici, vrednici să stăpînească ziua de mîine.
Numele meu este cineva și nimeni.
Trec fără grabă, cum trece-un om ce vine de foarte departe și nu mai trage nădejde să ajungă.

Manuscris găsit într-o carte de Joseph Conrad

Privește cum se-naltă din pampa tremurîndă
Al verii abur. Albă-i de nu o poți vedea
Dogoarea zilei. Pare un striu de jaluzea,
Pe țărm o scînteiere,-o cîmpie fumegîndă.

Bătrîna noapte-adîncă-i ca apa din urciorul
Afund în care joacă nenumărate urme,
Și-n biata lui canoe un om privind spre culme
Necontenitul timp îl măsoară cu fuiorul

Țigării-n care, iată, se-ncețoșează astre
Îndepărtate. Clipa își pierde-un lung trecut
Și numele. E lumea parfum de flori albastre,
Iar rîul, ca și omul, mereu la început.

Făgăduința din largul mării

Nu ți-am redobîndit meleagul, patria mea, dar pot să-ți privesc stelele.
Mi le dezvăluie cerul depărtat, și iată, catargul se pierde în farmecul lor.
S-au desprins din înaltele cornișe ca o uimire de porumbei.
Vin din curtea cu havuz, un turn răsturnat între două ceruri.
Vin din grădina înaltă, neliniștea ei se izbește de zid ca o apă tulbure.
Vin dintr-o istovită înserare de provincie, blîndă ca o pajiște cu brîncuțe.
Sînt nemuritoare și vehemente; nimeni nu le poate măsura veșnicia.
Tăria lor de lumină încovoaie toate nopțile ca niște frunze uscate.
Alcătuiesc o țară luminoasă, și mă regăsesc în atmosfera lor.

Viaţa mea întreagă

Aici încă o dată, buzele neuitate, unic şi asemenea vouă.
Am stăruit în apropierea fericirii şi în măruntaiele suferinţei.
Am străbătut marea.
Am cunoscut multe locuri, am văzut o femeie şi vreo doi-trei bărbaţi.
Am iubit o fată mîndră şi albă de o linişte hispanică.
Am văzut un cartier nesfîrşit unde se împlineşte o nesătulă nemurire de asfinţituri.
Am savurat multe cuvinte.
Am convingerea nestrămutată că asta e tot şi că nu voi mai vedea şi nici nu voi mai săvîrşi lucruri noi.
Cred că zilele şi nopţile mele sînt egale în sărăcie şi în bogăţie cu cele ale lui Dumnezeu şi cu cele ale tuturor oamenilor.

Caietul San Martín

(1929)

As to an occasional copy of verses, there are few men who have leisure to read, and are possessed of any music in their souls, who are not capable of versifying on some ten or twelve occasions during their natural lives: at a proper conjunction of the stars. There is no harm in taking advantage of such occasions.

FitzGerald, Dintr-o scrisoare
către Bernard Barton *(1842)*

Prolog

Am vorbit mult, am vorbit prea mult despre poezie ca un neașteptat dar al Spiritului, despre gîndire ca o activitate a minții; l-am văzut pe Verlaine ca un exemplu de poet liric în stare pură; pe Emerson ca un poet intelectual. Acum cred că în toți poeții vrednici de a fi recitiți coexistă ambele elemente. Cum să-l clasifici pe Shakespeare? Dar pe Dante?

Cît privește încercările din acest volum, se vede limpede că aspiră la cea de-a doua categorie. Îi datorez cititorului cîteva lămuriri. Spre indignarea criticilor, care nu-l iartă pe autorul care se căiește, scriu acum „Întemeiere mitică a orașului Buenos Aires“, și nu „Întemeiere mitologică“, dat fiind că acest din urmă cuvînt sugerează masive divinități de marmură. Cele două părți ale poemului „Chipuri de a muri la Buenos Aires“ – titlu pe care îl datorez lui Eduardo Gutiérrez – exagerează fără nici o scuză conotația plebee a cartierului Chacarita și conotația patriciană a cartierului Recoleta. Cred că emfaza din poemul „Isidoro Acevedo“ l-ar fi făcut să zîmbească pe bunicul meu.

În afară de „Simplitate“, „Noaptea în care l-au vegheat în cartierul de Sud“ este poate cel dintîi poem adevărat pe care l-am scris.

J.L.B.

Buenos Aires, 1969

Întemeierea mitică a orașului Buenos Aires

Oare pe rîu-acesta de mîl și somnolență
să-ntemeieze-o țară venit-au corăbierii?
La mal au tras pesemne în bărcile ușoare,
vîslind pe lîngă plauri pe unda-nșelătoare.

De socotim noi bine și ne chitim, vom spune
că rîu-atunci ca cerul era; azur curat
și-o roșă stea deasupra, ca să însemne locul
unde-a postit Juan Díaz și-indienii au mîncat.

Fapt sigur e c-o mie de oameni au sosit
și-apoi o altă mie pe înspumate valuri,
sub care stau la pîndă sirene și balauri,
iar un magnet gigantic busola a oprit.

Au înjghebat cu frică o tabără de corturi
pe mal, și umblă vorba c-a fost în Riachuelo,
dar astea-s baliverne scornite în La Boca.
De fapt, întemeierea a fost chiar în Palermo,

în mahalaua-n care-s născut, pe-atunci un cîmp
bătut de ploi, de vînturi și de-al amiezii soare,
pe locul unde astăzi aceleași uliți sînt:
Serrano, Guatemala, Paraguay, Gurruchaga.

A răsărit îndată un soi de prăvălie
și-n dos se-ncinge seara un aprig joc de *truco*;
Dugheana-n cîrciumioară s-a prefăcut cu timpul,
stăpîn al străzii este jupînul vajnic, dur.

Cînd cea dintîi flașnetă în mahala răsună
și adieri aduce de habanere, gringos,
cartieru-ntreg votează-n delir cu Irigoyen
și zdrăngăne pianistu-un tangou de Saborido.

Tutungeria, iată, a-nmiresmat deșertul
precum o floare rară, și-a apărut un ieri.
Mulțimea-mpărtășește-un înșelător trecut.
Lipsește un lucru: rîndul de case peste drum.

Așa, cred, început-a orașul Buenos Aires,
ce pentru mine-i veșnic ca aerul și apa.

Isidoro Acevedo

Ce-i drept, nu știu nimic despre el –
în afară de numele de locuri și de date:
fraude ale cuvintelor –,
dar cu temătoare smerenie i-am răscumpărat cea din urmă zi,
nu ziua văzută de ceilalți, ci ziua lui,
și vreau să zăbovesc pentru a scrie despre ea.
Îi plăcea să stea de vorbă cu prietenii la jocul de cărți,
se născuse în Alsina, în zona înstărită a cartierului,
comisar al vechii piețe de fructe din cartierul Unsprezece,
comisar al gărzii civice,
s-a luptat, cînd i-a cerut-o Buenos Aires,
la Cepeda, la Pavón și pe plaja din Corrales.

Dar glasul meu nu trebuie să-i cînte bătăliile,
fiindcă el le-a dus cu sine într-un vis esențial.
Așa cum alți oameni scriu versuri,
bunicul meu a visat un vis.

Cînd o congestie pulmonară îl topea pe picioare
și febra necruțătoare îl făcuse de nerecunoscut,
a adunat arzătoarele documente ale memoriei
pentru a făuri un vis.

Asta s-a întîmplat într-o casă de pe strada Serrano,
în vara fierbinte din nouă sute cinci.
A visat două armate

care intrau în umbra unei bătălii;
a înșirat comandanții, drapelele, unitățile.
„Acum șefii țin sfat", a spus cu un glas puternic pe care ei
l-au auzit și a vrut să se ridice ca să-i vadă.

A cercetat pampa:
a văzut terenuri accidentate, numai bune pentru infanterie,
și cîmpii întinse unde șarja de cavalerie putea să smulgă biruința.
A mai inspectat o dată terenul,
a trecut în revistă nenumăratele chipuri pe care orice om le
cunoaște după atîția ani, fără să le cunoască:
chipuri bărboase ce se estompează în dagherotipuri,
chipuri de oameni ce-au luptat alături de el în Puente Alsina
și Cepeda.

Și-a văduvit viața de zile
pentru această vizionară faptă de vitejie în slujba patriei,
care avea nevoie de credința lui; curajul lui nu a izvorît
din frică;
s-a strîns o armată de umbre ecvestre
ca să-l omoare.

Astfel, în dormitorul ce dădea spre grădină,
a murit într-un vis pentru patrie.

Mi-au vorbit despre moartea lui folosind metafora călătoriei.
Nu i-am crezut. Eram mic, nu știam pe atunci ce-i moartea;
eram nemuritor;
l-am căutat zile întregi prin odăile fără lumină.

Noaptea de priveghi în cartierul de Sud

Pentru Letizia Álvarez de Toledo

Prin decesul cuiva –
taină al cărei nume vacant îl știu și a cărei realitate nu o
putem cuprinde –
rămîne deschisă pînă în zori o casă în cartierul de Sud,
o casă neștiută, pe care nu sînt sortit s-o revăd,
dar care mă așteaptă în seara asta
cu lumină trează în ceasurile tîrzii ale somnului,
încercănată de nopți de suferință, deosebită,
încărcată de amănuntele realității.

Mă îndrept spre priveghiul la căpătîiul mortului,
mergînd pe străzile elementare ca niște amintiri,
prin timpul îmbelșugat al nopții,
fără alte semne palpabile de viață
în afară de cîteva siluete nedeslușite rămase pînă la ora închiderii
și un fluierat singuratic.

Cu pas domol, înarmat cu așteptare,
ajung la colțul străzii și la casa cu poarta larg deschisă pe care
o caut
și sînt primit de oameni înveșmîntați în gravitate,
vechi cunoscuți ai părinților mei,

și nivelăm destine în încăperea unde a fost pus sicriul, care
dă spre curtea interioară –
curte aflată în puterea și integritatea nopții –,
și spunem, fiindcă realitatea e mult mai vastă, lucruri indiferente
și sîntem nepăsători și argentinieni în oglindă,
iar ceaiul de *mate*, sorbit din aceeași tigvă, măsoară
orele deșarte.

Sînt mișcat văzînd cum măruntele deprinderi
se pierd, ca la orice înmormîntare –
raportul obișnuit cu cărțile, cu o cheie, cu un trup printre
alte trupuri –,
Știu că orice privilegiu, oricît de mic, ține de miracol
și nu-i de lepădat prilejul de-a lua parte la acest priveghi
la căpătîiul unui necunoscut: Mortul,
pentru a însoți și a păstra prima lui noapte petrecută-n moarte.

(Priveghiul ofilește fețele;
ochii noștri se sting privind spre înalt, ca ochii lui Iisus.)

Dar mortul? Acel ceva de necrezut?
Realitatea lui e alta decît a florilor ce-l acoperă.
Ospitalitatea lui la despărțirea prin moarte
ne va lăsa încă o amintire pentru timp
și străzile grave din cartierul de Sud pentru a ne pătrunde cu
timpul de farmecul lor
și boarea-întunecată pe fruntea-ntoarsă
și noaptea ce ne scapă de apăsarea cea mai grea:
prolixitatea realului.

Lui Francisco López Merino

De te-ai acoperit de moarte prin fapta mîinii neșovăitoare,
de voia ta a fost să refuzi toate diminețile lumii,
în zadar te cheamă toate cuvintele respinse,
hărăzite neputinței și înfrîngerii.

Nu ne rămîne atunci
decît să dezvăluim rușinea trandafirilor ce n-au știut să te
păstreze,
disprețul zilei ce-a îngăduit focul de armă și sfîrșitul.

Ce-ar putea spune glasul nostru
la fapta consfințită de prăbușire, lacrimă și lespede?
Dar sînt atîtea lucruri delicate pe care nici o moarte nu le
împuținează:
veștile intime, nedescifrate, aduse de efluviile muzicii,
patria ce se pogoară peste smochin și havuz,
atracția iubirii, care ne întemeiază.

Mă gîndesc la ele și cred, prieten tainic,
că pesemne sfîrșitul ni-l aflăm potrivit dorințelor noastre;
ție ți-a fost dată o moarte cu clopote, fragedă și grațioasă,
soră cu scrisul tău frumos de elev silitor,
și ai fi vrut să nu-i dai prea multă importanță, ca într-un vis.

Dacă toate astea sînt adevărate și, cînd ne părăsește timpul,
rămînem cu nădejdea veșniciei și pofta de viață,

atunci moartea ta e ușoară,
precum versurile în care ne aștepți mereu,
atunci nu-ți va fi întinat sălașul
de prieteniile pe care le cheamă.

Cartierul de Nord

Aceasta este dezvăluirea unei taine
ce a rămas ascunsă numai din pricina inutilității și neglijenței,
taină fără mister și fără jurămînt,
întreținută doar de indiferență:
din obiceiuri e făcută, ale oamenilor și înserărilor,
și păstrează uitarea, chipul cel mai sărac al misterului.

Cîndva, în acest cartier exista o prietenie,
o poveste cu aversiuni și afecte, ca tot ce ține de iubire;
abia dacă dăinuie această credință
în cîteva fapte răzlețe sortite pieirii:
în *milonga* ce pomenește de Cinci Răspîntii,
în curtea precum un trandafir nemuritor lîngă zidul înalt,
în inscripția ștearsă din care anevoie se mai poate citi *Floarea Nordului*,
în grupul de tineri strînși la crîșmă să joace cărți în acorduri de chitară,
în memoria încremenită a orbului.

Această iubire risipită e taina noastră tristă.

Un lucru nevăzut dispare încet-încet din lume,
o iubire care nu e mai cuprinzătoare decît o melodie.
Se depărtează de noi cartierul,
balconașele bondoace de marmură nu mai înfruntă cerul.
Iubirea noastră speriată se pierde în nepăsare,
steaua de la Cinci Răspîntii e acum alta.

Dar fără zgomot și fără contenire,
în lucruri răzlețite, pierdute, așa cum sînt mereu lucrurile,
în arborele de cauciuc cu nestatornicul său cer de umbră,
în streașina în care scapără lumina soarelui în zori și la asfințit,
dăinuie acest fapt cuviincios și prietenesc,
această loialitate obscură pe care cuvîntul meu o numește:
cartierul.

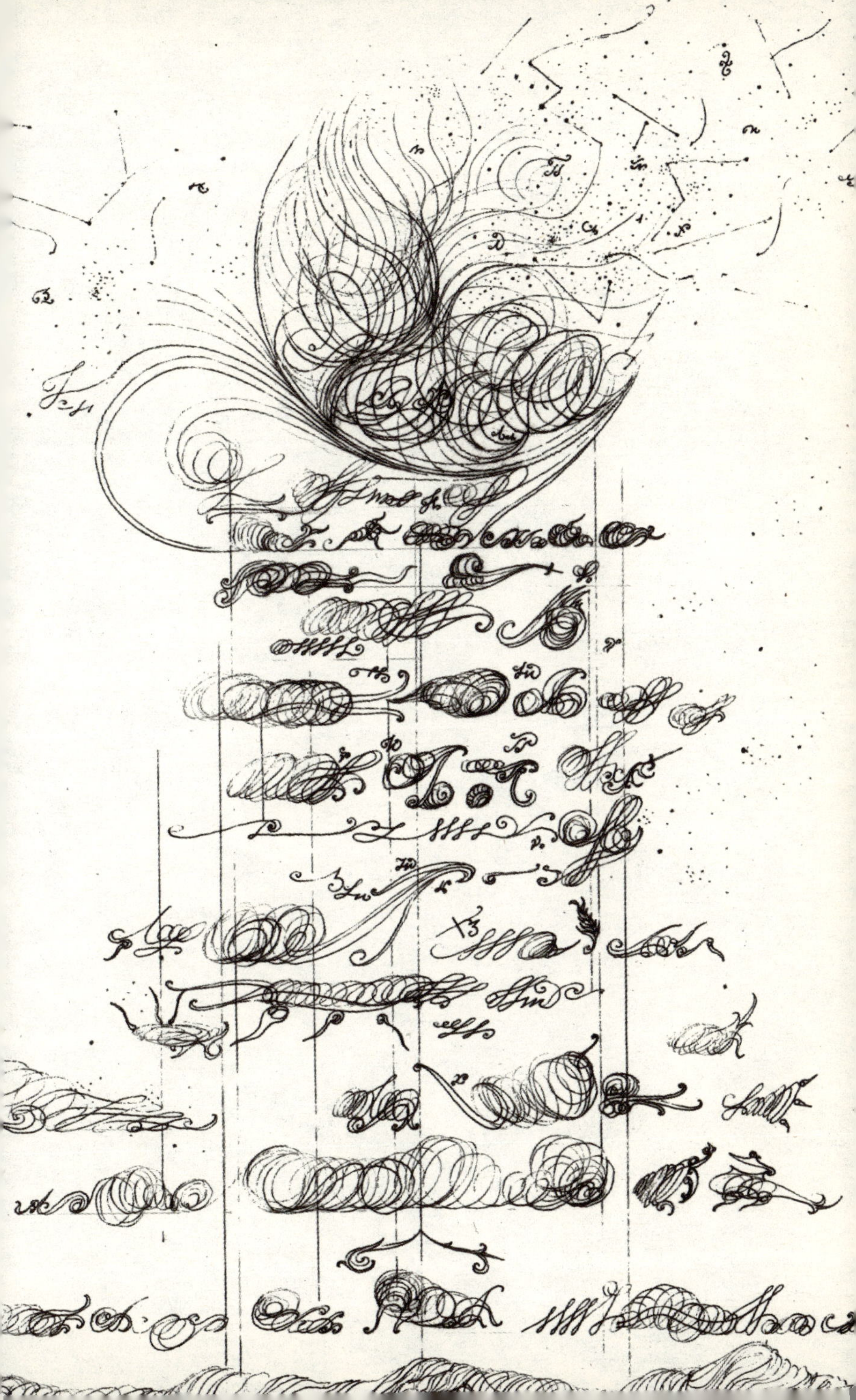

Făuritorul

(1960)

Poemul darurilor

Reproş ori lacrimi nimeni să nu poată
A socoti divina-i măiestrie,
Cînd El, cu o superbă ironie,
Mi-a dat şi cărţi şi noapte deodată.

În ăst oraş de cărţi stăpîn făcut-a
Ochi gol, spre sine-ntors, ce nu mai poate
Citi decît biblioteci netoate
De vise, cînd pasaju-îngăduit-a

Al dimineţii somn. În van i-arată
Lumina zilei cărţile-i frumoase,
Ce parcă-s manuscrise-anevoioase
Din Alexandria incendiată.

De sete (spune grecul), făr' să soarbă
Un strop, murit-a riga-ntre izvoare;
Eu, fără ţel, cutreier coridoare
În astă naltă catedrală oarbă.

Atlase, enciclopedii, Orientul
Şi Occidentul, veacuri, dinastii,
Simboluri, univers, cosmogonii
Zadarnic îmi oferă. Pasu-mi, lentul,

În urma mea penumbra o încearcă,
Și drum îmi fac cu bățul nedecis,
Eu, care-ntrezăream un paradis
Ca o bibliotecă vastă. Parcă

Ceva, desigur, care nu se poate
Hazard chema, aceste lucruri toate
Le stăpînește. A mai fost cîndva
Un om care-a purtat povara-mi grea.

Prin lente galerii orbecăind,
Nedeslușită simt o sacră spaimă
Că-s celălalt, defunctul, ce se-ngaimă,
Același drum și-același timp urzind.

Dar care dintre noi a scris poema
Acestui eu cu osebite nume?
Ce importanță poate-avea un nume,
Cînd una e și-aceeași anatema?

Groussac ori Borges, simt înduioșarea
De lumea ce-n zăbranic se-nfășoară.
Cenușă este, palidă, ușoară,
Ce seamănă cu visul și uitarea.

Ceasul de nisip

E măsurat de mişcătoarea umbră
A stîlpului pe lespedea-nsorită,
De unda rîului neobosită.
Deşartă goană, nebunie sumbră

E timpul. O, cum seamănă-amîndouă
Cu timpul şi cu soarta:-a zilei umbră
Uşoară, lină; unda care umblă
Neostenit, croindu-şi cale nouă.

În dogorit pustiu el a găsit
Plămadă potrivită: grea şi fină,
Pesemne-nchipuită ca să ţină
În seamă veacul celor ce-au murit.

Ivitu-s-a un instrument ciudat,
Expus pe-o etajeră prăfuită,
Alături de o spadă ruginită,
Un turn răzleţ şi-un telescop stricat.

Deşi apare-n enciclopedie
Pe-o planşă în culori, e osîndit
Să-nţepenească într-un colţ sordid
În pulbere-ngropat. Nimicnicie.

Severul și cumplitul instrument
Ce, zugrăvit de Dürer, e ținut
În mîna Domnului, în ceas știut
Ne sperie, și îl privim atent.

Prin vîrf mereu deschis un con invers
Strecoară lin nisipul precaut
Ce s-a desprins și – iată! – a umplut
Cleștar scobit de tainic univers.

E o-ncîntare să privești arina
Ce se prelinge-ncet, se-mpuținează
Și, înainte de-a cădea, cu groază
Tresare omenește, bat-o vina.

Nisipul ciclurilor e același,
Povestea lui e fără de sfîrșit.
Nefericit de ești ori fericit,
Se-afundă veșnicia, neoprit. Aș

Dori să întrerup a ei cădere.
Eu sîngerez, nu conul de cleștar.
E nesfîrșit ritualul funerar
Și-o dată cu nisipul viața piere.

În clipele cînd se prefiră-arina
Simt timpul cosmic, intuiesc istoria
Pe care-o prinde-n ciobul ei memoria
Ori o cuprinde Lethe-n unda-i lină.

Un stîlp de fum şi celălalt de foc,
Cartagina ce Roma n-o răzbeşte,
Şi regele saxon ce-i pregăteşte
Norvegului de-ngropăciune loc.

Tot risipeşte, făr' să ostenească,
Subţire fir de-arină-mbelşugată.
Putea-va oare-n rîu de timp scăldată
Fiinţa-mi, biata, să se izbăvească?

Şah

I

În colțul lor sever, gravi jucători
Mișcări încearcă. Pe tăblia mută
Din noapte pînă-n zori lent piese mută
În spațiu-nchis de vrajbă-ntre culori.

Sclipesc pe tablă magice rigori.
Sînt forme: turn homeric, cal nervos,
Regină mîndră, rege sperios,
Nebun încrîncenat, pioni ușori.

Cînd jucătorii aprigi au plecat
Și cînd uitarea vremii i-a-ngropat,
Fii sigur însă: jocul n-a-ncetat.

În răsărit războiul s-a aprins
Și-n jocul lui pămîntu-ntreg l-a prins.
Ca celălalt, se joacă ne-ncetat.

II

Blînd rege, cal focos, încrîncenată
Regină, turn direct, pion viclean,
Pe negrul și-albul drumului în van
La pîndă stau și poartă luptă-armată.

Nu știu că mîna dinainte care
Așază piesa le-a fixat destinul,
Nu știu c-a lor voință, ferm, hainul
Timp subjugat-a. Vană așteptare.

La fel și jucătorul muritor e
(Sentința-i a poetului Omar);
Tăblia-i alta; noapte e, ba-i zi.

Pe om, de-l mișcă zeul, jucător e.
Ce zeu pe zeu îl mișcă în zadar,
Stîrnind și timp și vis și agonii?

Oglinzile

Eu, care simt o spaimă de oglinzi,
Nu doar cînd văd cristal de nepătruns
Unde se-ncheie (începe?) aspru, ascuns,
Vid de reflexe înspre care tinzi,

Ci și naintea apei ce-a reluat
Azurul celălalt în cer profund,
Ce iluzoriul zbor îl trage afund
De păsări ce se-ntoarnă ori se zbat,

Și înaintea preatăcutei fețe,
Fin abanos cu palidă lucire,
Precum un vis, ivește-n repetire
Crin alb ori marmuri, vagă frumusețe,

Cînd ani uimiți abia de poți să-i prinzi
Rătăcitor sub luna schimbătoare,
Mă-ntreb, azi, ce hazard al soartei oare
Făcut-a să mă sperii de oglinzi.

Metalică oglindă, ori mascată
Oglindă de mahon, înnegurată
De-un roșu asfințit ce-a adumbrit
Ăst chip, care privește și-i privit.

Sînt nesfîrşite şi elementare
Şi straşnic împlinesc cuvîntul vechi
De a spori natura, în perechi
Nesăţioase, treze şi fatale.

Această lume vană şi incertă
O prelungesc în mreaja lor alertă,
Şi vezi spre seară cum le-a aburit
Suflarea unui om ce n-a murit.

Cristalul ne pîndeşte. Între patru
Pereţi de-alcov oglinda de apare,
Nu-s singur. Mai e unul. Duplicare.
Reflex ce iscă-n zori un tainic teatru.

Se-ntîmplă tot, nimic nu ne-amintim
În aste cabinete cristaline,
Precum rabini fantastici, tomuri fine,
Din dreapta înspre stînga urmărim.

Claudius, rege de o zi, visat,
Că-i vis nu a simţit pînă-n chindia
Cînd un actor pe scenă mişelia
Cu artă silenţioasă i-a jucat.

Ciudat e că sînt visuri, că-s oglinzi,
Că simplul şi tocitul repertoriu
De zi cu zi include iluzoriul,
Profundul univers urzit de-oglinzi.

Și m-am gîndit că Domnul se silește
Să nalțe casă de nelocuit:
Lumina e cristalul șlefuit,
Iar umbra este visul ce-mpînzește.

Făcut-a Domnul nopți ce fojgăiesc
De vise. Și oglinzi a meșterit,
Să simtă omul că-i descumpănit
De vanitate. Așa ne îngrozesc.

Elvira de Alvear

De toate lucrurile avut-a parte
Și toate-au părăsit-o-ncet-încet.
În zori de frumusețe-mpodobită
Văzut-o-am. La-amiază strălucea
Înveșmîntată-n florile cîmpiei,
În asfințit lumina-i se stingea.
Bunăvoința astrelor (rețeaua
De infinite cauze) i-a dat-o
Norocul, ce distanțele le șterge
Precum covorul fermecat și-ndată
Dorința o preface în viață.
I-a hărăzit și darul poeziei,
Ce suferința adevărată-ntoarnă
În muzică, în zvon și în simbol,
Și-nsuflețirea și, scăldată-n sînge,
La Ituzaingó încrîncenata luptă,
Plăcerea de-a intra-n necontenitul
Curent de timp (ce-i rîu și labirint)
Și lentele culori ale-nserării.
Au părăsit-o toate. Numai una,
Nedezmințita bună-cuviință,
Rămasu-i-a și-ntruna a-nsoțit-o
(Mai sus era de rătăciri și patimi),
O cuviință-aproape îngerească.
Cîndva, de mult, m-a-ntîmpinat c-un zîmbet
Și tot c-un zîmbet bun rămas și-a luat.

Susana Soca

Cu dragoste apusul lent privea,
Pătrunsă de-armonia melodiei
Și de ciudata viață-a poeziei.
În taina lor să intre îi plăcea.
Nu roșu-aprins, ci griurile pale
Țesutu-i-au destinul delicat,
Sortit să prindă tonul și-ncercat
în ezitări, reflecții, căutare.
Fără-a-ndrăzni s-asculte de chemarea
Din labirint, tumultu-i cerceta
De dincolo de zid și alergarea
Și formele, ca doamna din oglindă.
Zei care nu știu ruga asculta
Lăsat-au flăcările s-o cuprindă.

Luna

Povestea spune că-n acel uitat
Trecut în care-atîtea-s făptuite,
Nesigure, reale,-nchipuite,
Un om a conceput nemăsurat

Proiect de a închide universul
În carte și-n avînt nesăbuit
Nălțat-a manuscris fin întocmit,
Din scoarță-n scoarță declamîndu-i versul.

Se pregătea acum să-i mulțumească
Preabunei sorți, cînd, deodată, vede
Disc lucitor pe cer. Nu-i vine-a crede:
Uitase-n grabă luna s-o numească.

Povestea-i născocită, ia aminte,
Dar poate tîlcui vrăjitoria
Acelora ce-ales-am meseria
De-a preschimba viața în cuvinte.

Mereu esența scapă. Legea-i una.
Orice cuvînt e palid raportat
La lucru-n sine. Bietul rezumat
Al vechii mele prietenii cu luna

N-o poate eluda. Și unde oare
Văzut-o-am întîi? Întipărită
Pe cerul teoriei ori ivită
În seara ce se lasă peste mare?

Cum știm, viața noastră schimbătoare
Să fie poate, uneori, frumoasă,
Și-au fost și seri cînd, mire și mireasă,
Te-am contemplat, o, lună, cu-ncîntare.

Mai lesne ca de luna-adevărată
De cea din vers să-mi amintesc îmi este:
Vrăjita *dragon moon* care uimește
Și-a lui Quevedo lună-nsîngerată.

De altă lună aprinsă, stacojie,
Vorbit-a Ioan în cartea-i cu bizare
Minuni și lucruri înfricoșătoare;
Răsar și luni de aur în tărie.

Pitagora cu sînge (povestește
Tradiția) scria pe o oglindă,
Și oamenii citeau în altă oglindă:
Oglinda lunii scrisul oglindește.

De fier pădurea-i unde-așteaptă ora
Lup cu destin ciudat legat de lună:
Din cer să o doboare, s-o răpună,
Cînd marea înroși-va aurora.

(În Nord profetic soarta-i e știută
Și-așijderi că-n aceeași zi fatală
Spurca-va marea nava legendară
Din unghii strînse de la morți făcută.)

La Zürich ori Geneva, cînd nebuna
Mea soartă-a vrut să fiu și eu poet,
Mi-am stabilit, ca toți, canon secret
De-a defini cu-nverșunare luna.

Amarnic mă sileam să aflu chipul
De-a depăși modeste variații,
Cu spaima că Lugones comparații
Cu ambra folosise și nisipul.

Cu fildeș depărtat, cu fum, cu nea,
Pe rînd a fost asemuită luna,
Dar versul să cunoască n-a fost bun a
Tiparului cerneală cinste grea.

Poetul – îmi spuneam – găsește-n lume,
Precum roșcatu-Adam din paradis,
Oricărui lucru singurul, precis,
Adevărat, nepus de alții nume.

Spune Ariosto că locaș e luna
De vise. Acolo lin, ireversibil
Se scurge timpul, tot ce e posibil
Ori imposibil, ceea ce-i totuna.

Apolodor să văd m-a ajutat
A Dianei schimbătoare umbră magică,
Și-un irlandez, o neagră lună tragică;
De aur seceră Hugo mi-a dat.

Și-n timp ce eu în mina coboram
De astre pure din mitologie,
Cereasca lună iată că învie
La colțul străzii, acolo, lîngă ram.

Dintre ale noastre vorbe știu că una
Există, pentru a o figura.
Secretul stă, cred, în a o afla
Cu umilință. Este vorba *luna*.

Să întinez nu îndrăznesc curata
Ivire-a lunii cu-o figură vană.
Indescifrabilă-i și cotidiană
Și mai presus de poezia-mi, biata.

Și știu că luna sau cuvîntul *luna*
E-un șir de semne care-au fost create
Spre-a da un sens acestei încifrate
Enigme ce sîntem, multiplă, una.

E o imagine perpetuu vie,
Ce omului destinu-i hărăzește,
Cînd se înalță ori se prăbușește,
Ca numele-i adevărat să-l poată scrie.

Ploaia

Brusc, seara străvezie s-a făcut,
Fiindcă ploaia cade, cade-ntruna.
E mult de cînd tot cade. Ploaia-i una
Din formele cu-obîrșie-n trecut.

Cînd o auzi căzînd, te simți cuprins
De-o-nfiorare. Soarta norocoasă
O floare rară ți-a adus în casă,
Un trandafir bătut; e roșu-aprins.

Această ploaie ce orbește geamul
Aduce bucurie-n mahalale:
Vița-de-vie o-nviorează, ramul

Îl înverzește. Jilava-nserare
Mi-aduce glasul molcom, mult dorit
Al tatei ce se-ntoarce. N-a murit.

La efigia unui căpitan din armatele lui Cromwell

Cumplitul Marte nu l-a biruit.
Acest viteaz de psalmi se-nvredniceşte.
Din alte zări (şi veac) ne urmăreşte
Cu ochi ce pe vrăjmaşi i-a-ncremenit.
Mînerul spadei mîna-l încleştează.
Se poartă luptele pe verzi cîmpii.
În ceaţă Englitera vei găsi
Şi calul, faima, braţul ce cutează.
Ţi-e rîvna amăgire, căpitane,
Fiindcă toţi sîntem datori cu-o moarte.
Armura şi-ndrăzneala ta sînt vane.
E încheiată cruda noastră soarte.
Oţelul rănii tale-a ruginit
De mult. Precum noi toţi, eşti osîndit.

Unui poet bătrîn

Cutreieri cîmpul castilian întinsul
Și nu îl vezi. Privirea-ntoarsă-i, dură,
Spre un verset dintr-a lui Ioan scriptură,
Obscur, și-abia de bagi de seamă-aprinsul

Apus. Lumina slabă joacă-n zare,
Se stinge-ncet. În răsărit învie,
Rînjind enormă, luna stacojie,
Oglindă a Mîniei milenare.

Ridici privirea și o vezi. Un gînd
Ce te-a muncit cîndva fugar revine,
Apoi se pierde. Fruntea-nnegurată

Ți-o pleci și mergi nainte cugetînd,
Dar versul ai uitat că-i scris de tine:
Și epitafu-i luna-nsîngerată[1].

1. Vers dintr-un sonet de Francisco de Quevedo.

Celălalt tigru

And the craft that createth a semblance.

Morris, *Sigurd the Volsung* (1876)

Visez un tigru. Proslăvește umbra
Biblioteca vastă, laborioasă,
Și rafturile parcă estompează;
Puternic, inocent, însîngerat
Și nou, el selva va străbate lin
Și viitorul, urma-n mal mîlos
Lăsînd de rîu cu nume neștiut
(În lumea lui nu-s nume, nici trecut,
Nici viitor, o clipă numai certă),
Și va-nghiți barbarele distanțe
Și adulmeca-va-n labirint stufos,
Dintre arome, aroma aurorei
Și-aroma de vînat plăcută foarte.
Printre zăbrele: trestii lungi de bambus,
Dungi descifrez de tigru și presimt,
Sub pielea lui vibrînd lucioasă, mușchii.
În van în calea mea se-aștern boltite
Și necuprinse mări, deșerturi vaste:
Din casa aceasta din îndepărtat
Oraș american din Sud, visez
Și te urmez, o, tigru de pe Gange.

Cînd înserarea-n suflet îmi pătrunde,
La tigrul vocativ din versu-mi cuget.
E-un tigru de simboluri și de umbre,
Înșiruire de figuri de stil
Și de-amintiri din enciclopedie,
Nu tigrul implacabil, giuvaier
Funest, sub soare ori lună schimbătoare,
Care-n Sumatra ori Bengal repetă
Ritualul de iubire și de moarte.
Opus-am ăstui tigru de simboluri
Pe cel adevărat, cu sînge cald,
Ce hăcuiește-a bivolilor turmă
Și azi, în august 3, leat 59,
Pe pajiște-și întinde umbra-nceată,
Dar însuși faptul de-a-l numi acuma
Și de-a-i închipui ambianța-nseamnă
Pe tigru să-l prefaci într-o ficțiune
De artă, nu ființă vie a Terrei.

Al treilea tigru căuta-vom, care
Va fi la fel cu ceilalți, altă formă
De vis, sistem de omenești cuvinte,
Nu vertebratul tigru, acela care
prin selvă, depășind mitologia,
Pășește lin. Și totuși – știu prea bine –
Ceva-mi impune această aventură
Nedefinită, veche și smintită,
Și-n ceasul înserării caut tigrul
Cellalt, ce-n versul meu nu-și află locul.

Blind Pew

De mare acum și de războiul strașnic
Departe – poleite de iubire –,
Cutreiera piratul în neștire
Glodoase căi prin Englitera vajnic.

Lătrat pe uliți de zăvozi în lanțuri,
Batjocura copiilor prin sate,
Tresare-n somn de vise-nfricoșate,
Trîntit în negrul colb din rîpi și șanțuri.

Știa c-al lui e, pe nisip de aur,
Departe, ascuns de ochi străin, tezaur,
Și-ăst gînd îi ușura cumplita soarte.

Pe tine-așijderi, pe nisip de aur,
Te-așteaptă-ntreg, nebănuit tezaur:
Nedeslușita, vasta, blînda moarte.

La o umbră din o mie opt sute nouăzeci şi ceva

Cuțitul lui Murañа a sclipit.
În seara cenușie se oprește
Povestea. De ce oare mă-nsoțește
Ăst ucigaş sinistru nezărit?
Mai mic era Palermo. Gălbejit
Zid de-nchisoare mîndru domina
Întreg cartierul. Îl cutreiera,
Vibrînd în aer, un sordid cuțit.
Cuțitul. Iată ce-a rămas din el.
Năimit cu austeră meserie:
Curajul. Chipu-i nu se știe,
O umbră doar și-un sclipet de oțel.
O, timp, ce marmuri rozi, menține treaz
Necontenit ăst nume de viteaz!

La moartea colonelului Francisco Borges (1833-1874)

Îl las pe cal, în ceas crepuscular,
Cînd moartea i-a fost dat să o cunoască.
Din ceasurile morții dăinuiască
Ăst ceas biruitor, cumplit, amar.
Pe cîmp de luptă-n spume-ntins gonește
Cal alb cu poncho alb în șa. La pîndă
Stă moartea-n țeava flintei fumegîndă.
Francisco Borges pe cîmpie crește.
E-nconjurat de gloanțe și urgie,
În față vede cîmpul nesfîrșit.
Viața pentru asta l-a sortit.
E-n elementul lui, în bătălie.
Îl las înalt în epic univers
Și-aproape neatins de-umilu-mi vers.

In memoriam A.R.

Hazardul vag ori legile precise
Ce visul-univers îl stăpînesc
Îngăduitu-mi-au să-l însoțesc
Cîndva pe-Alfonso Reyes pe deschise

Cărări. Deplin știut-a arta care
De-Ulise ori Sindbad n-a fost știută:
Dintr-un tărîm anume într-o sută
Să treci și să rămîi în fiecare.

Cînd amintirea-n piept l-a săgetat,
Măiastra iscusință s-o deprindă
A izbutit: săgeata o preschimbă-n
Condei și-alexandrini a cizelat.

Însuflețit a fost de omenească
Încredere și s-a învrednicit
Să șlefuiască versul iscusit
Și proza castiliană s-o-nnoiască.

Cu Cidul, largi cadențe a refăcut,
Cu Góngora, cuvîntul încifrat,
Și-n efemerul vers a căutat
Argotic prospețimea de-nceput.

În cartea lui Marino a găsit
Cu cele cinci grădini zăbavă arar.
Mult mai statornic însă cărturar
A fost, la-nvățătură pedepsit.

Cu dulcile-i miresme l-a vrăjit
Grădina lui Porfir, de cugetare;
Sădit-a printre umbre, cu-nfocare,
Pom rodnic de-Nceput și de Sfîrșit.

A hărăzit, să fie spre priință,
Și împărțit-a Ziditorul lumii
Sector sau arc de cerc doar pentru unii,
Iar ție-ntreaga lui circumferință.

Ai căutat tristeți și bucurii
Ascunse-n bloc de marmură cioplit.
Ca Domnu-ai vrut, de grec închipuit,
Și nimeni, și toți oamenii să fii.

Lumini stăruitoare, delicate,
Cu pana ta precisă-ai obținut.
În rîvnă și avînt ai prefăcut
Războaiele de-naintași purtate.

Dar unde-o fi acuma cărturarul?
S-o fi uitînd, precum cîndva Edip,
La Sfinx, la Neclintitul Arhetip
Al Chipului? Al Mîinii cu amnarul?

Ori, precum Swedenborg dorea, o fi
Cutreierînd un univers complex,
Nu ca al nostru, care-i doar reflex
Al Cerului suit în bagdadii?

Din amintiri (se spune-n țara veche
De lacuri și-abanos) îți făurești,
Cu-nfățișarea lor de-aici pereche,
O Cuernavaca, un Mexic nou, cerești.

Cu vii culori ne înzestrează soartea,
Cînd se înclină ziua-n asfințit.
Le știe Dumnezeu. Sînt liniștit.
Deloc nu mă neliniștește moartea.

Un lucru știu. Că-n altă lume treci,
De val, Alfonso Reyes, azvîrlit.
Acolo bucuros, neobosit,
Dezlegi o nouă taină, alte legi.

Prinos s-aducem omului divers
Și nepereche lauri și urale;
Să nu-ntineze lacrima ăst vers,
Căci amintirea lui nicicînd nu moare.

Stirpea Borges

Nimic ori prea puțin despre străbunii
Din stirpea Borges știu: vagi lusitani
Ce-n carnea mea lăsat-au peste ani
Oprelişti şi-obiceiuri. Parcă bunii
Nicicînd n-ar fi trăit. Și mi se pare
Străini complet că sînt de-a artei moarte.
Imperceptibil, fac cu toții parte
Din timp, și din pămînt, și din uitare.
Așa-i mai bine. Împlinit destin.
Sînt neam de lusitani. Viteji ajunși
Pe mările Orientului străin,
Apoi pe mări de-aprins nisip pătrunși.
Sînt regele ce-n misticul pustiu
S-a rătăcit, jurînd că-i încă viu.

Pentru Luis de Camões

Știrbește timpul spade de eroi.
Nici lacrimi nu au loc și nici mînii.
În patria nostalgică revii
Tu, căpitane, după greu război,
Să mori cu ea odată.-N magic loc
Pustiu, pierdut, e-al țării tale rigă,
Și spaniolu-amenințarea-și strigă
De-a trece tot prin sabie și foc.
Aș vrea să știu, acasă revenit,
De-ai înțeles acuma, în sfîrșit,
Că tot ce s-a pierdut (fastuos Orient,
Drapelul, spada, vajnic Occident)
Va dăinui (străin de-orice umană
Schimbare)-n *Eneida*-ți lusitană.

O mie nouă sute douăzeci și ceva

Hora astrelor nu e nesfîrșită,
Și tigrul este una dintre formele ce se întoarnă,
Dar noi, departe de noroc și aventură,
Ne credeam surghiuniți într-un timp istovit,
Timpul în care nu se poate întîmpla nimic.
Universul, tragicul univers, nu era aici
Și era nevoie să-l căutăm în trecut;
Eu urzeam o smerită mitologie de mahalale și cuțite,
Pe cînd Ricardo se gîndea la văcarii lui.
Nu știam că viitorul avea să ne aducă un trăsnet,
N-am presimțit rușinea, zavistia și cumplita noapte a Alianței;
Nimic nu ne putea face să bănuim că istoria argentiniană va
ieși în stradă,
Istoria, indignarea, dragostea,
Mulțimile învolburate, numele orașului Córdoba,
Gustul realității și al incredibilului, grozăvia și mîndria.

Odă compusă în 1960

Hazardul clar ori legile secrete
Ce visu-l guvernează, soarta mea,
Vor, patrie, tu, dulce, necesară,
Ce-n slavă și-n ocară-ai împlinit
Cu greu o sută și cincizeci de ani,
Ca picătura, eu, cu tine, rîu,
Și clipa, eu, să stau cu tine, timp,
În dialogul intim apelînd,
Cum e firesc, la rituri și la umbra
De zei primită și de versul pudic.

Eu te-am simțit în palide-asfințituri,
O, patrie, din vaste cartiere,
Și în acest ciulin adus în tindă
De omul pampei, și-n mărunta ploaie,
Și-n lente, ample învîrtiri de astre,
Și-n mîna ce strunește o chitară
Și-n gravitația cîmpiei, care
Din depărtare sîngele ni-l simte
Precum britanul marea, și-n pioase
Simboluri, și în arcul unei bolte,
Și-n dragostea supusă-a iasomiei,
Și-n marea de argint, și în ușoara
Atingere-a mahonului tăcut,
Și în savori de carne și de fructe,
Și în drapelu-aproape-azur și alb

Dintr-o cazarmă, și în desuete
Povești cu șișuri într-un colț de stradă
Și-n seri egale ce se sting și pleacă,
Și-n vaga amintire mulțumită
A unor curți cu sclavi care purtau
Același nume ca stăpînii, și-n
Sărmane tomuri scrise pentru robi,
De flăcări mistuite, și-n căderea
De repezi ploi în luna lui septembre,
Pe care nu le vom uita, dar astea-s
Doar moduri și simboluri ale tale.

Mai mult ești decît vastul teritoriu
Și zilele-ndelungului tău timp,
Mai mult ești decît suma necuprinsă
A șirului de oameni, și nu știm
Cum pentru Domnul ești în sînul viu
Alcătuit din veșnice arhetipuri,
Dar pentru chipul ăsta-ntrezărit
Trăim, murim și veșnic năzuim,
O, patrie, secretă, solidară.

Ariosto şi arabii

Nu poate nimeni izvodi o carte.
O carte-adevărată veac oprit
Şi arme cere, zori şi asfinţit.
Şi marea ce uneşte şi desparte.

Aşa credea Ariosto cel dedat
La jocul leneş, în decor cu-arini,
Cu marmuri albe şi cu negri pini,
De-a mai visa o dată ce-a visat.

Văzduhul încărcat e de visare
(Cu scene de război încrîncenat
În veacul dur pe-al lui pămînt purtat)
Urzită de-amintire şi uitare.

Spre văile-acvitane-a apucat
Şi a căzut oştirea-n ambuscadă.
Aşa povestea s-a născut: cu-o spadă
Şi-un corn ce-n Roncevaux a răsunat.

Pe-al Engliterei sol saxonul dur
Şi-a-ntins oştirea ce avan se-nfruntă
În nesfîrşit război. Din lupta cruntă
Un vis rămas-a: regele Arthur.

Din boreale insule, ce-n loc
De soare au doar mare poleită,
Vis ne-a venit cu-o fată adormită
Ce prințul își așteaptă-n cerc de foc.

Din Persia ori din Parnas sosit
E visul cu-acel cal înaripat,
Strunit de vrăjitorul înarmat
Ce fuge și se-afundă-n asfințit.

Din șaua unui cal de vrăjitor
Privit-a Ariosto-ntreg pămîntul
Brăzdat de lupte, stăpînit de-avîntul
Din pieptul ars de-al aventurii dor.

Ca printr-o fină, aurie ceață
Văzut-a lumea ca pe o grădină.
Iubirea înflorită în lumină
Medoro și Angelica o-nvață.

Asemenea sclipirii de cleștar
În opiul oriental întrezărite,
Iubirile-n Poem sînt povestite
În neorînduială de bazar.

Iubirea-a cunoscut. Cu ironie
Și cu pudoare astfel a visat
Castel nemaivăzut și fermecat,
Ce e (precum viața) doar magie.

Ca multor alți poeți de-atîtea ori,
Norocul hărăzitu-i-a ciudat
Destin: să bată țara-n lung și-n lat,
Umblînd mereu haihui cu capu-n nori.

Din zaț de visuri, din nisip ușor,
Pe care Nilul viselor îl lasă,
Țesut-a fir subțire pentru plasă,
Buimacul labirint strălucitor,

Enormul, unic diamant în lume.
E cucerit oricine l-a privit
Și transportat în univers vrăjit
De dincolo de simțuri și de nume.

E cucerită Europa toată,
Sub vraja iscusitei, purei arte.
Jelit-a Milton, cînd lui Brandimarte
Sfîrșitul i-a sunat și, întristată,

Dalinda suferea. E cucerită
Întreaga Europă și pătrunde
Și-n misterios Orient povestea, unde
De leneși lei e noaptea bîntuită.

De-un rege care-n zori o cruntă moarte
Reginei de o noapte-i hărăzește:
Un implacabil iatagan, vorbește
Fermecătoarea, ne-ntrecuta carte.

Aripi ce-s însăși noaptea, vîrcolac
Ce ține, greu, un elefant în gheare,
Magnetici munți cu-a lor îmbrățișare
Ce nava-n mii de așchii o prefac.

Pămîntul susținut e de un taur
Ce stă pe-un pește, abracadabre vane,
Cuvinte mistice și talismane
Caverne în granit deschid, de aur.

Visat de sarazinii ce-au venit
La Agramante-n oaste, musulmane,
Nedeslușite chipuri cu turbane,
Apusul visu-acesta-a cucerit.

Orlando e acum surîzătorul
Ținut ce-ngrămădit-a-ntre hotare
Minuni domoale și visări bizare.
Uitat-a visul astăzi cititorul.

De arta din Islam redus la pură,
Deșartă erudiție, poveste,
Pe sine se visează. (Faima este,
Din formele uitării, cea mai dură.)

Prin geamul palid raza intră pură,
Șovăitoare atinge cartea rară,
Și iar se-aprinde, arde focul iară
În aurul din grea ferecătură.

În sala goală cartea-a amuțit,
Călătorește-n timp. Vagi aurore
Rămîn în urmă, și nocturne ore,
Și-a mea viață, visul meu grăbit.

Cînd am început să învăţ gramatica anglo-saxonă

După cincizeci de generaţii
(Tuturor ne rezervă timpul asemenea abisuri),
Mă întorc la marginea ulterioară a unui mare rîu
Pe care nu l-au cucerit dragonii vikingului,
La asprele şi laborioasele cuvinte
Pe care, în clipe grele,
le-am folosit în Northumbria şi Mercia,
Înainte de a fi Haslam ori Borges.
Sîmbătă am citit că Iuliu Cezar
A fost cel dintîi care a venit de la Romeburg pentru a supune
Bretania;
Înainte de a se coace ciorchinii de struguri voi fi ascultat
Trilul privighetorii din pildă
Şi elegia celor doisprezece războinici
Care-nconjoară catafalcul regelui.
Simboluri de simboluri, variaţiuni
La viitorul englez ori german ni se par aceste cuvinte
Care odată au fost imagini
Şi pe care un om le-a folosit pentru a cînta marea sau o spadă;
Mîine vor trăi din nou,
Mîine *fyr* nu va fi *fire*, ci acest soi
De zeu îmblînzit şi schimbător,
Pe care nimeni nu-l poate privi fără o veche uimire.

Lăudată fie nesfîrşita
Urzeală de efecte şi de cauze
Pe care, înainte de a mi le arăta oglinda
În care nu voi vedea pe nimeni sau voi vedea pe altul,
Mi le îngăduie simpla contemplare
A limbajului zorilor.

Luca, XXIII

Păgîn? Evreu? Un simplu păcătos
Al cărui chip în timp s-a-ncețoșat;
Din grea uitare nerecuperat
Rămîne al său nume silențios.

Despre clemență a putut afla
Ce știe în Iudeea un tîlhar
Pe cruce pus. Și nu avea habar
Ce-a fost nainte. La misiunea sa

Din urmă-ajuns: să moară răstignit,
De la mulțimea ce-l batjocorea
A auzit că lîngă el murea
Un Dumnezeu și-orbește i-a grăit:

De mine, cînd împărăția ta
Veni-va, să nu uiți, și necuprins
Glas ce-ntr-o zi pe toți i-o judeca
De pe cumplita Cruce s-a desprins,

Făgăduindu-i Raiul. Le-a venit
Apoi sfîrșitul. Însă omenirea
Nu lasă să se piardă amintirea
Acelei seri în care au murit.

O, prieteni, inocența ăstui soț
Al lui Iisus, candoarea ce l-a-mpins
Să ceară-un rai pe care l-a atins
Spălîndu-și josnicia lui de hoț

E-aceeași ce împinsu-l-a-n păcat,
prinzîndu-l în hazardu-nsîngerat.

Adrogué

Să nu vă temeți că-n tăcuta noapte
Pe-alei m-aș pierde,-n vraja peste fire
A parcului, de-arome și de șoapte
Răpit, care te-mbie la iubire

Și la zăbavă, cînd privighetoarea
Înalță tainic tril și-a apei undă
Se descrețește-n murmur și-nserarea
Statuia veche-n neguri o cufundă.

Remiza goală parcă e himera
Acelui timp, hotar nedeslușit
Unui tărîm de-arome, potrivit
Pentru Verlaine și pentru Julio Herrera.

În umbră lasă-un iz medicinal
Eucalipții: iz patriarhal
Ce, dincolo de timp și de cuvînt,
Un asfințit marchează, vechi și sfînt.

Găsește pasu-mi pragul bănuit.
Veranda-n umbră marginea-și schițează.
Pe dalele din curte, veșnic trează,
Cișmeaua picură necontenit.

Dorm dincolo de prag cei care sînt,
Prin forța visului de ei visat,
Stăpîni, în umbra fără de cuvînt,
Pe vastul ieri cu tot ce-a răposat.

Știu fiecare lucru din această
Clădire veche: plăcile de mică
Pe piatra gri, pe care le duplică
Întruna neguroasa-oglindă vastă.

Un cap de leu ce mușcă îndîrjit
Belciugul, cioburile colorate
Ce dezveleau copilului uimit
Prodigii ale lumii fermecate.

Nesocotind și moarte și noroc,
Vor dăinui cu-ntreaga lor istorie,
Căci toate astea se petrec în loc
Ciudat pe care-l botezăm memorie.

În ea și doar în ea se desfășoară
Grădinile și curtea interioară.
Trecutul le păzește-n cerc oprit,
Care cuprinde zori și asfințit.

Cum de-am putut să pierd acel precis
Tărîm de lucruri simple și-ndrăgite,
De neatins ca rozele-nflorite
Primite de Adam în Paradis?

Uimirea preschimbată-n elegie
La amintirea casei mă apasă,
Și nu-nțeleg cum timpu-ntruna pasă,
Eu, care-s timp și sînge și-agonie.

Artă poetică

Să cauţi rîul ce e timp şi apă,
Să-ţi aminteşti că timpu-i tot un rîu,
Să ştii că ne petrecem ca un rîu
Şi-al nostru chip se oglindeşte-n apă.

Să simţi că veghea este tot un vis
Visînd că nu visează şi că moartea
Ce spaimă aduce-n suflet este moartea
Din noaptea rece ce se cheamă vis.

Să vezi în zi, în lună,-n an simboluri
De ani şi luni şi trecătoare zile.
Jignirea s-o preschimbi a ăstor zile
În muzică, în zvonuri şi simboluri.

Să vezi în moarte-un vis, în asfinţit
Un aur trist, aceasta-i poezia,
Săracă, fără moarte. Poezia
Se-ntoarce-n auroră şi-asfinţit.

Spre seară, cîteodată, vezi un chip
Ce te priveşte dintr-o ştearsă-oglindă.
La fel şi arta cată-a fi oglindă
Ce ne arată propriul nostru chip.

Sătul, cum zice-aedul, de minuni,
A plîns Ulise, revăzînd Ithaca
Umilă, verde. Arta-i ca Ithaca
Înveşmîntată-n verde, nu-n minuni.

Şi este ca un rîu necontenit
Ce trece şi rămîne, e acelaşi,
Eternul Heraclit, mereu acelaşi
Şi altul, ca un rîu necontenit.

Catren

Murit-au alții, dar asta s-a întîmplat în trecut,
Care este (se știe) timpul cel mai potrivit pentru moarte.
E cu putință ca eu, supusul lui Yaqub Almansur,
Să mor la fel cum au trebuit să moară trandafirii și Aristotel?

Din *Divanul lui Almotásim din Magreb* (veacul al XII-lea)

Limite

Există un rînd de Verlaine pe care nu mi-l voi mai aminti.
Există o stradă apropiată pe care pașii mei nu vor mai trece.
Există o oglindă care m-a văzut pentru ultima oară.
Există o ușă pe care am închis-o pînă la sfîrșitul lumii.
Între cărțile bibliotecii mele (le văd)
Există unele pe care nu le voi mai deschide niciodată.
În vara aceasta voi împlini cincizeci de ani;
Moartea mă mistuie necontenit.

Din *Inscripții* de Julio Platero Haedo (Montevideo, 1923)

Poetul își declară faima

Cercul cerului îmi măsoară gloria,
Bibliotecile Orientului își dispută versurile mele,
Emirii mă caută pentru a mă acoperi de aur,
Îngerii știu pe de rost ultimul meu poem.
Uneltele mele de lucru sînt umilința și angoasa;
Ce n-aș da să mă fi născut mort!

Din *Divanul lui Abulcásim din Hadram* (veacul al XII-lea)

Duşmanul mărinimos

În anul 1102, Magnus Barfod a pornit la cucerirea rînd pe rînd a regatelor Irlandei; se spune că în ajunul morții a primit acest salut din partea lui Muirchertach, regele din Dublin:

Facă-se voia zeilor, Magnus Barfod, și în oștirile tale să lupte aurul și furtuna.
Și mîine, pe cîmpiile regatului meu, să te însoțească norocul în bătălie.
Și mîinile tale de rege să țeasă înspăimîntător pînza spadei.
Și cei ce se împotrivesc spadei tale să fie hrană pentru lebăda roșie.
Numeroșii tăi zei să te sature de slavă, să te sature de sînge.
Să fii biruitor în zorii zilei, tu, rege, care calci pe pămîntul Irlandei.
Dintre numeroasele zile ce ți-au fost date, nici una să nu strălucească mai tare decît ziua de mîine.
Fiindcă această zi va fi cea din urmă. Ți-o jur, rege Magnus.
Fiindcă, înainte de a se întuneca, te voi birui și te voi șterge de pe fața pămîntului, Magnus Barfod.

Din *Anhang zur Heimskringla* de H. Gering (1893)

Regretul lui Heraclit

Eu, care am fost atîția oameni, n-am fost niciodată
Cel în brațele căruia se topea Matilde Urbach.

Gaspar Camerarius, în *Deliciae Poetarum Borussiae*, VII, 16

Epilog

Deie Domnul ca monotonia esențială a acestei culegeri (pe care timpul a alcătuit-o, nu eu, și în care am inclus unele piese vechi pe care n-am îndrăznit să le îndrept, fiindcă le-am scris călăuzit de o altă concepție despre literatură) să fie mai puțin evidentă decît diversitatea geografică și istorică a temelor. Din cîte cărți am încredințat tiparului, cred că nici una nu este atît de personală cum este acest încropit și dezordonat florilegiu cu învățăminte felurite, *tocmai fiindcă este plin de răsfrîngeri și interpolări. Puține lucruri mi s-au întîmplat și multe am citit. Mai bine zis, puține lucruri mi s-au întîmplat mai vrednice de amintire decît gîndirea lui Schopenhauer sau muzica verbală a Angliei.*

Un om își asumă sarcina să deseneze lumea. În decursul anilor umple un spațiu cu imagini de provincii, de regate, de munți, de golfuri, de corăbii, de insule, de pești, de încăperi, de instrumente, de astre, de cai și de persoane. Puțin înainte de a muri, descoperă că acest răbdător labirint de linii trasează icoana chipului său.

J.L.B.

Buenos Aires, 31 octombrie 1960

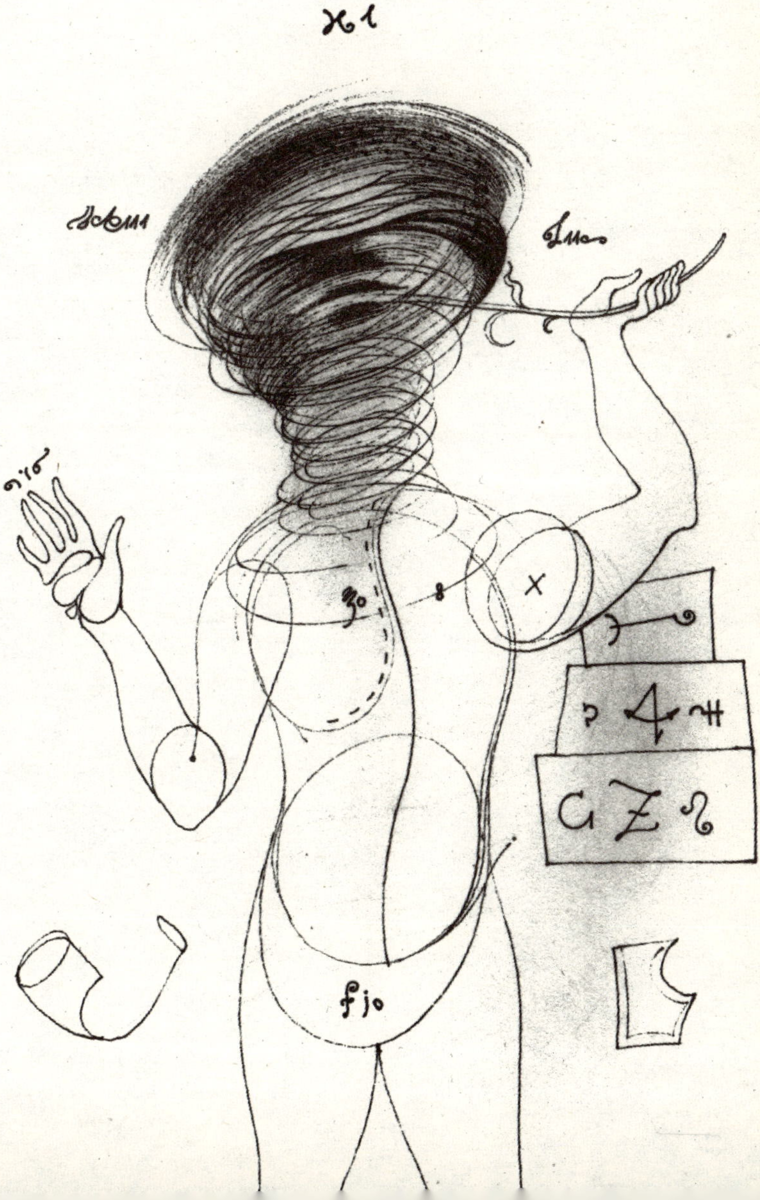

Celălalt, acelaşi

(1964)

Prolog

Dintre numeroasele cărți de versuri pe care resemnarea, neglijența și uneori pasiunea mea le-au mîzgălit, Celălalt, același *este cartea mea preferată. Aici se află „Alt poem al darurilor", „Poemul presupunerilor", „O roză și Milton" și „Junín", care, dacă subiectivitatea nu mă înșală, nu mă fac de rușine. Aici se află, de asemenea, temele mele obișnuite: Buenos Aires, cultul străbunilor, germanistica, contradicția dintre timpul care trece și identitatea care rămîne, uimirea mea că timpul, substanța noastră, poate fi împărtășit.*

Această carte nu este altceva decît o compilație. Piesele au fost scrise pentru diverse moods *și momente, nu pentru a justifica un volum. De aici, previzibila monotonie, repetarea unor cuvinte și, uneori, a unor rînduri întregi. În cenaclul său din strada Victoriei, scriitorul – să-l numim așa – Alberto Hidalgo a semnalat obiceiul meu de a scrie aceeași pagină de două ori, cu variațiuni neînsemnate. Îmi pare rău că i-am răspuns că nici el nu era mai puțin binar, cu deosebirea că în cazul lui prima versiune aparținea altuia. Așa erau obiceiurile deplorabile ale acelei epoci, pe care mulți o privesc cu nostalgie. Doream cu toții să fim eroii unor anecdote grosolane. Observația lui Hidalgo era justă; „Alexander Selkirk" nu se deosebește fundamental de „*Odiseea, *cartea douăzeci și trei"; „Pumnalul" prefigurează* milonga *intitulată „Un cuțit în cartierul de Nord" și, probabil, povestirea „Întîlnirea". Ciudat este faptul, pe care nu izbutesc să-l înțeleg, că versiunea a doua, ca un ecou stins și involuntar, este de obicei inferioară celei dintîi. La Lubbock, în marginea pustiului, o fată zveltă m-a întrebat dacă, scriind „Golemul", n-am încercat o variațiune la „Ruinele circulare"; i-am răspuns că a fost nevoie să străbat întreg continentul ca să primesc* *această revelație, care este adevărată. Ambele compoziții, de altfel, prezintă unele deosebiri; într-una este vorba despre visătorul visat, în cealaltă, scrisă mai tîrziu, despre raportul dintre divinitate și om și, poate, despre relația poetului cu opera sa.*

Limbajele omului sînt tradiții care cuprind ceva fatal. Experiențele individuale sînt, de fapt, minime, în afară de cazul cînd inovatorul se resemnează să alcătuiască un soi de muzeu, un joc destinat discuției istoricilor literari ori pur și simplu scandalului, precum Finnegans Wake *sau* Singurătățile *gongorine. Uneori m-am simțit ispitit să transpun în spaniolă muzica englezei sau a germanei; dacă m-aș fi lăsat atras în această aventură, probabil imposibilă, aș fi fost un mare poet, precum acel Garcilaso care ne-a dăruit muzica Italiei, sau precum acel anonim sevilian care ne-a dăruit muzica Romei, sau precum Darío, care ne-a dăruit muzica Franței. N-am trecut însă de o simplă ciornă, urzită din cuvinte cu puține silabe, pe care bine am făcut că am distrus-o.*

Soarta scriitorului e ciudată. La început e baroc, din înfumurare, și după mulți ani, dacă astrele îi sînt prielnice, poate obține, nu simplitatea, care nu înseamnă nimic, ci modesta și secreta complexitate.

Mai degrabă decît în școli mi-am făcut educația într-o bibliotecă: biblioteca tatălui meu. În pofida vicisitudinilor timpului și ale geografiilor, cred că nu am citit în zadar acele volume dragi. În „Poemul presupunerilor" se poate vedea influența monologurilor dramatice ale lui Robert Browning; în altele, influența lui Lugones și, nădăjduiesc, aceea a lui Whitman. Revăzînd aceste pagini, m-am simțit mai aproape de modernism decît de sectele ulterioare pe care le-a zămislit decăderea curentului și care acum îl tăgăduiesc.

Pater a scris că toate artele tind spre condiția muzicii, poate fiindcă în muzică fondul este forma, deoarece nu putem să relatăm o melodie așa cum relatăm o poveste în liniile ei generale. Dacă admitem această afirmație, poezia ar fi o artă hibridă: supunerea unui sistem abstract de simboluri, limbajul, față de scopuri muzicale. Dicționarele poartă vina pentru această concepție greșită. Se uită de obicei că sînt repertorii artificiale, cu mult posterioare limbilor pe care le ordonează. Rădăcina limbii este irațională și are un caracter magic. Danezul care articula numele lui Thor ori saxonul care articula numele lui Thunor nu știau dacă aceste cuvinte însemnau zeul tunetului sau zgomotul ce urmează fulgerul. Poezia vrea să se întoarcă la această magie veche. Fără legi prestabilite, procedează în chip șovăitor și îndrăzneț, ca și cum ar păși pe întuneric. Poezia e un joc de șah misterios, în care tabla și piesele se schimbă ca într-un vis, și, după moarte, mă voi închina în fața lui.

J.L.B.

Nesomn

De fier,
de încovoiați tiranți de fier enorm trebuie să fie noaptea,
ca să nu explodeze și să se facă țăndări,
puzderia de lucruri pe care ochii mei le-au văzut,
lucrurile insuportabil de aspre pe care le cuprinde.

Trupul meu a ostenit cutreierînd lumea și cunoscîndu-i
nivelurile, temperaturile, luminile:
în vagoane de cale ferată de provincie,
la petrecerea unor oameni care se urăsc,
la marginea știrbă a mahalalelor,
într-un conac sufocant cu statui umede,
în noaptea plină de tropot de cai și de oameni.

Universul acestei nopți are vastitatea
uitării și precizia febrei.

În zadar vreau să nu țin seama de trup
și de nesomnul unei oglinzi necontenite,
care-l împarte cu dărnicie și îl pîndește,
și de casa ce repetă curțile interioare
și de lumea care se prelungește pînă la o mahala ciopîrțită
cu fundături în care se istovește vîntul și cu ulițe gloduroase.

În zadar aștept
dezintegrările și simbolurile care precedă visul.

Istoria universală își urmează cursul:
drumurile minuțioase ale morții în cariile dentare,
circulația sîngelui meu și a planetelor.

(Am urît apa împuțită dintr-o băltoacă,
am detestat în ceasul înserării trilul păsării.)

Drum lung de nesfîrșite leghe obositoare prin cartierul de Sud,
leghe străbătute prin pampa dezgustătoarelor gropi de gunoaie,
leghe de scîrbă,
nu vor să mi se șteargă din amintire.
Loturi inundabile, grămezi de cocioabe înșirate ca haitele de
cîini, băltoace de argint coclit:
sînt dezgustătoarea santinelă a acestor așezări încremenite.

Sîrme de telegraf, terasamente, hîrtii aruncate la coș, resturi
menajere ale Buenos Airesului.

În noaptea asta cred în înfiorătoarea nemurire:
nici un om n-a murit în cursul timpului, nici o femeie, nici
un mort,
fiindcă această inevitabilă realitate de fier și de lut
are de străbătut nepăsarea celor adormiți ori morți –
chiar dacă se ascund în decăderea și negura veacurilor –
și-i osîndește la o veghe înspăimîntătoare.

Nori groși de culoarea drojdiei de vin vor defăima cerul;
revărsatul zorilor mă va găsi cu pleoapele închise.

Adrogué, 1936

Noaptea ciclică

Pentru Sylvina Bullrich

Știut-au riguroșii elevi ai lui Pitagora
Că astrele și omul în cicluri se întoarnă;
Necontenit, atomii în formă nouă toarnă
De aur Afrodită, tebanii apoi și agora.

În vîrste viitoare va apăsa centaur
Pe pieptul de războinic în za cu grea copită;
Cînd Roma pleavă fi-va, în noaptea infinită
A casei puturoase va geme minotaur.

Se va-nturna nesomnul în noapte, și din osul
Știut s-o-ntoarce mîna ce-acest poem a scris.
Armate-n zale grele vor construi abis.
(A spus același lucru David Hume, filozoful.)

Nu știu de ne-om întoarce într-un al doilea ciclu,
Cum cifrele din fracții se-ntoarnă negreșit,
Dar știu, pitagoreic, cum disc obscur, rotit
În fiecare noapte, mă-nscrie-n strîns periplu

De mahalale. Uite un colț îndepărtat,
Ce poate deopotrivă din nord ori sud să fie,
Dar care-ntotdeauna cu un smochin te-mbie
Bătrîn, c-un zid în soare ori un trotuar curat.

Acesta-i Buenos Aires. Și timpul, ce-a lăsat
Iubirea și arginții, abia de-mi lasă mie
Această stinsă roză și-o vană-mpărăție
De străzi ce-s botezate cu numele purtat

De vagi străbuni: Laprida, Cabrera, Soler, Suárez...
În care (acum secrete) răsună deșteptarea,
Republicile, caii, atacul, încleștarea,
Victoria dorită, trofee militare.

Aceste piețe, care în noapte s-au închis,
Grădini sînt ferecate de năruit palat,
Iar ulițele strînse în spațiu decupat
Culoare sînt de teamă difuză și de vis.

S-a-ntors scobita noapte știută de-Anaxagora;
S-a-ntors în trupu-mi, bietul, ăst timp fără sfîrșit
Și dorul (planul?) unui poem necontenit:
„Știut-au riguroșii elevi ai lui Pitagora..."

1940

Despre Iad şi despre Rai

Nevoie n-are-al Domnului Infern
de-a focului lumină. Judecata
de-Apoi cînd va veni, sunînd din trîmbiţi,
pămîntul măruntaiele arunca-va-şi
şi din ţărînă învia-vor neamuri
spre-a asculta verdictul pentru care
împotrivire nu-i, şi nu vedea-va
pupila noastră cele nouă cercuri
de munte răsturnat; nici cîmpul palid,
ce-i de perene ierburi presărat,
şi unde-arcaşul, strecurîndu-şi umbra,
a ciutei umbră veşnic urmăreşte;
şi nici de foc lupoaica ce-n infimul
nivel din musulmanele infernuri
mai vechi decît Adam şi izgonirea-i;
nici violent metal şi nici măcar
văzutul întuneric al lui Milton.
Nu apăsa-va labirint urît
din triplu fier şi foc chinuitor
de păcătoşi înspăimîntate inimi.

şi nici de ani tezaur nu păstrează
grădina depărtată. Nu vrea Domnul
pentru răsplata celor drepţi să aibă
glob de lumină, teorii în cercuri
de tronuri, lux, onoruri, heruvimi,

amăgitoarea-a muzicii oglindă,
nici profunzimi de trandafir, și nici
funestul fast al unui singur tigru
din tigrii Săi, și nici delicatețea
din asfințitul palid în pustiu,
nici vechiul și natalul gust al apei.
în îndurarea Sa nu sînt grădini,
lumină de nădejdi ori amintiri.

Zărit-am în cleștarul unui vis
făgăduite locuri: Rai și Iad.
Cînd Judecata de Apoi din trîmbiți
sunînd veni-va, globul milenar
va dispărea și brusc s-or nărui
mărețe piramide efemere,
atunci culori și linii din trecut
vor defini în întuneric chipul
dormind, inalterabil, nemișcat,
fidel (poate-al iubitei, poate-al tău),
și contemplarea acestui imediat
chip ne-ncetat, intact, incoruptibil,
va fi Infernul pentru păcătoși
și Paradisul pentru cei aleși.

1942

Poemul presupunerilor

Licențiatul Francisco Laprida, ucis în ziua de 22 septembrie 1829 de către răsculații lui Aldao, își deapănă gîndurile înainte de a muri:

În seara cea din urmă plumbii șuieră.
E vînt și vîntul vîntură cenușa,
se-mpuținează ziua și-ncleștarea
cumplită, biruința nu-i a noastră.
Barbarii au învins, barbarii gauchos.
Eu, care legi studiat-am și canoane,
eu, Francisco Narciso de Laprida,
eu, care-am proclamat independența
în aste tinere provincii. Fața
mînjită mi-e-n sudoare și în sînge,
speranță n-am, dar nici nu-mi este teamă,
mă-ndrept spre miazăzi, prin mahalale.
Acelui căpitan din Purgatoriu
asemeni, ce însîngerînd cîmpia
a fost orbit și doborît de moarte,
unde-un pîrîu obscur își pierde numele,
așa pieri-voi eu. Sunat-a ceasul.
Pîndește moartea dimprejur, din mlaștini,
lăsîndu-mă-n viață, dar aud
copitele-astei morți apropiate.
Mă caută cu caii și cu lăncile.

Eu, ce cu totul altu-am vrut să fiu,
un om al cărţii şi-al înţelepciunii,
sub cerul liber voi zăcea-ntre smîrcuri.
Îmi umple pieptul tainică deodată
nespusă bucurie, căci aflat-am
destinul sud-american rîvnit.
Spre clipa tristă mă purta de azi
multiplu labirint făcut din paşii
ce zilele ţesutu-mi-au din ziua
dintîi. Copil eram. Şi în sfîrşit
descoperit-am cheia acelor ani,
destinul lui Francisco de Laprida,
ştirbita literă şi forma pură,
desăvîrşită. El îl cunoştea
de la-nceput. Oglinda nopţii-arată
nebănuitu-mi chip etern, şi cercul
se strînge-ncet. Mă aşteptam să-l aflu.

Îmi calcă urma umbra grea a lăncii
tot mai aproape. Hăituiala morţii,
şi călăreţi, şi cai cu coama-n vînt
mă calcă în copite... Izbitura
o simt, şi fierul ce-mi străpunge pieptul,
cuţitul s-a lipit de beregată.

1943

Poem despre al patrulea element

Cînd prins a fost de omul din stirpea lui Atreu
Pe-o plajă dogorită, el, zeul neștiut,
În leu și în panteră,-n dragon s-a prefăcut,
În arbore, în apă. Căci apa e Proteu.

Și nor ce-și schimbă forma, superbă încîntare
A ceasului de roșu și mîndru asfințit,
Maelströmul ce-n vîrtejuri glaciale s-a ivit
Și lacrima amintirii – vai! – nefolositoare.

Cei vechi în ea văzut-au un prim impuls secret
Al țărnei ce nutrește, al focului ceresc,
Al zeilor ce zorii și-apusul stăpînesc.
(Chiar Seneca ne-a spus-o și Thales din Milet.)

Sînt marea și ghețarul expresii anaforice,
Cînd navele-s sfărmate de țărm ori înghițite
În larg, iar timpul una-i, cînd viața-i pe sfîrșite,
Dintre-ale apei multe formule metaforice.

Un labirint sub vîntul cel rece-ai ridicat,
Fără ferești și ziduri, cu cenușii cărări;
Pe Ulise așteptatul l-ai dus în depărtări,
De moarte și de soarta haină l-ai scăpat.

Ca lama nemiloasă de iatagan lucești,
Ca visul, lighioane spăimoase găzduiești.
Sub felurite chipuri încerci a te-arăta.
Nil, Eufrat și Gange se cheamă fuga ta.

(Se spune că e sfîntă a Gangelui oglindă,
Dar în adîncuri apa necontenit se schimbă,
Planeta e poroasă, și e adevărat
Că orice om o dată în Gange s-a scăldat.)

De Quincey, în tumultul de vise, a zărit
Cum se pavează oceanul cu oameni și cu nații.
Ai domolit avîntul atîtor generații
Și-n ceas de taină trupul lui Hrist l-ai curățit.

Te rog fierbinte, apă, neliniștea mi-o curmă
Și, pentru-aceste vorbe pe care le șoptesc,
De Borges amintește-ți, ți-e prieten, nu greșesc,
Și împlinește-i ruga, în clipa de pe urmă.

Unui poet minor din antologie

Unde este amintirea zilelor
care-au fost ale tale pe pămînt și au țesut
fericirea și durerea și au însemnat pentru tine universul?

Rîul numărat al anilor
le-a pierdut; ești un cuvînt într-un cuprins.

Altora zeii le-au dat slava interminabilă,
inscripții și mențiuni și monumente și istorici conștiincioși;
despre tine nu știu altceva, prietene obscur,
decît că ai auzit privighetoarea, într-o după-amiază.

Printre buruienile din umbră, umbra ta vană
va socoti că zeii au fost zgîrciți.

Dar zilele sînt o rețea de mizerii mărunte,
și oare există o soartă mai fericită decît aceea
de a fi cenușa din care e făcută uitarea?

Asupra altora zeii au aruncat
inexorabila lumină a gloriei, care examinează măruntaiele și
numără crăpăturile
gloriei, ajungînd astfel să ofilească trandafirul venerat;
cu tine au fost mai miloși, frate.

În extazul unei înserări, pînă nu se lasă noaptea,
auzi trilul privighetorii lui Teocrit.

Pagină în amintirea colonelului Suárez, biruitor la Junín

Ce importanță au lipsurile, surghiunul,
umilința de a îmbătrîni, umbra dictatorului ce se-ntinde
acoperind patria, casa din cartierul de Sud
pe care i-au vîndut-o frații cînd el era la război, zilele searbede
(zilele pe care vrei să le dai uitării, zilele pe care știi că le vei uita),
dacă a trăit un ceas înălțător, călare,
pe cîmpul de luptă de la Junín, ca pe o scenă a viitorului,
de parcă amfiteatrul dintre munți ar fi viitorul.

Ce importanță are timpul ce se scurge necontenit,
dacă a existat o clipă de împlinire, de fericire, de farmec în
asfințit!

A slujit treisprezece ani în războaiele Americii. Soarta l-a purtat
în Statul Oriental al Uruguayului, la Río Negro.
În ceasul înserării își va fi spus
că pentru el înflorise trandafirul acesta:
însîngerata bătălie de la Junín, clipa nesfîrșită
în care lăncile s-au încleștat, ordinul de atac,
înfrîngerea de la început și, în larma bătăliei,
glasul lui (nu mai puțin pătrunzător pentru el decît pentru
soldați)
strigînd către peruvieni să pornească atacul,
lumina, năvala și vitejia cavaleriei de neoprit,

și labirintul clocotitor al oștilor,
înfruntarea lăncierilor în care n-a răsunat nici un foc de armă,
grumazul spaniolului pe care l-a străpuns cu tăișul spadei,
biruința, fericirea, oboseala, toropeala somnului,
și oamenii zăcînd în mlaștini,
și Bolívar pronunțînd cuvinte fără îndoială istorice,
și soarele în asfințit și redescoperitul gust al apei și al vinului,
și mortul acela fără chip, fiindcă i l-a strivit și șters bătălia...

Strănepotul lui scrie aceste versuri și un glas tăcut
din depărtarea sîngelui ajunge pînă la el:
— Ce importanță are bătălia mea de la Junín, care-i o amintire
glorioasă,
o dată istorică pe care o înveți pentru examen ori o localitate
pe hartă!
Bătălia e veșnică și se poate lipsi de strălucirea
unor oștiri cu surle și cu tobe;
Junín înseamnă doi civili ce-l blestemă pe tiran în colțul străzii,
ori un bărbat necunoscut ce piere-n închisoare.

1953

Matei, XXV, 30

Primul pod pe Constitución și, la picioarele mele,
Zgomotul trenurilor care țeseau labirinturi de fier.
Fum și șuierături se ridică în noapte,
Și dintr-o dată Judecata de Apoi. Din zarea nevăzută
Și din adîncul ființei mele, un glas nesfîrșit
A spus aceste lucruri (aceste lucruri, nu aceste cuvinte,
Care sînt biata mea traducere în timp a unui singur cuvînt):
— Stele, pîine, biblioteci din răsărit și din apus,
Cărți de joc, jocuri de șah, galerii, lucarne și pivnițe,
Un trup omenesc pentru a umbla pe pămînt,
Unghii care cresc noaptea, după moarte,
Umbră care uită, neobosite oglinzi care înmulțesc lucrurile,
Apusuri ale muzicii, cea mai docilă dintre formele timpului,
Granițe cu Brazilia și Uruguay, cai și dimineți,
O greutate de bronz și un exemplar din Saga lui Grettir,
Algebră și foc, atacul de cavalerie de la Junín în sîngele tău,
Zile mai bogate decît o pagină de Balzac, miros de caprifoi,
Dragoste, ajunul întîlnirii și amintiri apăsătoare,
Visul ca o comoară îngropată, norocul darnic
Și amintirea, pe care omul nu o poate privi fără să amețească,
Toate acestea ți-au fost date, precum și
Vechea hrană a eroilor:
Fățărnicia, înfrîngerea, umilința.

Zadarnic dăruitu-ți-am oceanul,
Zadarnic soarele, văzut de ochii uimiți ai lui Whitman;
Ai istovit anii și ei te-au istovit,
Și încă nu ai scris poemul.

1953

O busolă

Pentru Esther Zemborain de Torres

Sînt lucrurile toate numai șoapte
Dintr-un idiom în care, încropită,
Galimatia aceasta infinită
O spune-ntruna omul, zi și noapte.

Istoria e toată-aici. Tu, eu,
Cartagina și Roma, agonie,
Hazard și taină și criptografie
Și Turnul Babel, năruit mereu.

Ascuns de nume-i lucrul nenumit.
Simțit-am azi cum umbra-i gravitează
În ac lucid, ușor, ce stă de pază

Și stăruie s-ajungă-n infinit,
Avînd ceva de ceas în vis ivit
Și somn de pasăre ce s-a trezit.

O cheie în Salonic

Abarbanel, Farías ori Pinedo,
Din Spania goniți, ce crunt veghează
Prin negre persecuții, mai păstrează
Cheița unei case din Toledo.

Scăpați acuma de nădejdi și lacrimi,
Privesc la cheie-n calma înserare;
În bronzul ei un lung trecut tresare,
Sclipiri sleite, liniștite patimi.

Cînd ușa-i astăzi praf, ea, instrumentul,
Simbol e-al risipirii, urgisita,
Aidoma cu cheia de sanctuar

Pe care cineva spre cer zvîrlit-a,
Cînd Roma pus-a focul temerar
Și-n zbor a prins-o lacom firmamentul.

Un poet din veacul al XIII-lea

Privește lung variante anevoioase
De încropit sonet ce n-are nume;
Din fila-ntîmplătoare ies în lume
Terţine și catrene păcătoase.

Cu pana-nceată gingaş cizelează.
E ostenit. Aude trilul oare
Din viitor pornit, privighetoare
Ce sacra-i spaimă-ntocmai o urmează?

Oare-a simțit că nu e singur și
Că incredibilul Apollo, iată,
I-a arătat, în taină, un arhetip?

Că tot ce poate să deschidă-o zi
Și noaptea-nchide avid cristal i-arată:
Enigmă, labirint, Dedal, Edip?

Un soldat al lui Urbina

Nevrednic socotind că-i pe măsură
Isprăvii de pe mare, acest soldat,
Cu profesiuni sordide resemnat,
Mergea obscur prin Spania lui dură.

Să șteargă vrînd, să-nmoaie îndîrjirea
Realității, căuta visarea
Și-n magic univers găsi salvarea:
Bretonul ciclu îi era citirea.

Și contempla, după-asfințit, întinsul
Cîmp șters cu străluciri de-aramă veche.
Învins credea, sărac lipit că este,

Făr-a se ști stăpîn pe o poveste
C-un Cavaler și un Scutier, pereche
În visul lui ivită, neînvinsul.

Limite

Din străzile ce-ngroapă asfințitul
E una (care-o fi?) cutreierată
Acuma pentru cea din urmă dată,
Indiferent, de pasul meu, sortitul

De Cel care vieții-i pune norme
Și-o tainică, hieratică măsură
La pași, la umbre, vise și-alte forme
Ce fac și-apoi desfac viața dură.

De-i pentru toate capăt și e vamă,
Niciunde și nicicînd, doar strășnicie,
Acuma, oare,-aici, ne dăm noi seamă
Că bun rămas ne luăm pentru vecie?

Prin geamul gri lumina se ivește.
Din raftul nalt de cărți, pieziș, trunchiată
De colțul mesei, umbra se lățește,
Și-o carte văd: o mai deschid vreodată?

E în cartierul Sud o poartă veche
Cu urne fin lucrate-n zidărie
Și fructe de nopal fără pereche.
Nu pot intra: e o litografie.

Pentru vecie-o ușă ai închis,
Și o oglindă te așteaptă-n van.
Răspîntia-ți apare drum deschis,
Și veghea, zeu cu două fețe, Ian.

Din amintiri, desigur, este una
Ce-i îngropată pentru totdeauna.
Spre-al lor izvor nu te-or vedea venind
De aur soare, lună de argint.

Nu se întoarnă glasul tău la versul
Ce-n grai de flori și paseri s-a iscat.
Persanu-l spune-n asfințit, i-e mersul
Cînd greu, cînd lin: poem de neuitat.

Și-nvîrtejitul rîu și-oglindă – lacul?
Și-acest vechi ieri spre care azi mă-nclin?
Vor fi ca zidul năruit, săracul,
Distrus pe veci de-o mînă de latin.

În zori aud un freamăt depărtat,
Mulțimi gălăgioase pier în zare.
Sînt cei ce m-au iubit și m-au uitat.
Și spațiul, timpul, Borges, totul moare.

Baltasar Gracián

Doar labirinturi, răsuciri, embleme,
Laborioasă, rece alcătuire,
Ăst iezuit credea că-i izvodire
Poetică lung șir de stratageme.

Loc sunetele-n pieptu-i nu-și găsesc.
Ierbar de flori de stil, subtilități
Deșarte, simple ingeniozități.
Un stil uscat, lipsit de omenesc.

Nu l-a mișcat homeric glas dogit,
Nici cel de-argint și lună-al lui Vergil,
Pentru Edip ochi n-are în exil,
Nici pentru Hrist pe cruce răstignit.

Văzut-a-n răsărit cum stele mii
Pălesc în aurora somptuoasă
Și le-a numit cu vorbă păcătoasă:
Găini ale cereștilor cîmpii.

Iubirea sacră n-a ajuns s-o știe,
Nici dragostea ce buzele aprinde.
Citind Necruțătoarea îl surprinde
Al lui Marino tom de poezie.

Destinu-i ulterior nu-i scris în carte.
Țărîna din părăginit mormînt
Ajuns-a colb împrăștiat de vînt.
De lumea celor drepți avut-a parte.

Dar oare ce-a simțit privind Splendori
Și Arhetipuri clare? Poate-amar
A plîns atunci, spunîndu-și: în zadar
Nutritu-m-am cu umbre și erori.

Și ce s-a petrecut cînd, neclintit,
Foc sacru, Adevărul, s-a ivit?
Lumina-i pură poate l-a orbit,
Mergînd pe drumul fără de sfîrșit.

Mai este o-ncheiere: vane teme,
Neînsemnate l-au preocupat.
Nu-n rai i-e sufletul, ci frămîntat
De labirinturi, răsuciri, embleme.

Un saxon (449 A.D.)

Se cufundase-ncovoiata lună;
În zori, bărbatul aspru și roșcat,
Călcînd domol, cu pasul clătinat,
Nisipul fin, desculț, sui pe dună.

De golful palid dincolo privi
Cîmpia albă, negrele coline,
În ceas elementar, cînd Domnul bine
Culoarea n-apucase-a o ivi.

Era tenace. Singur, soarta-i bună,
Cu rame, plase, pluguri, spadă, scut,
Și-o făurise. Fierul a-nceput
Să sape-n piatră-ncrezătoare rună.

Dintr-un ținut de mlaștini el venea
Pe țărm bătut de valurile tari.
Asemeni zilei, Soarta se boltea
Deasupra lui și-a zeilor săi lari,

Wotan ori Thunor; mîna lui stîngace
Din cîrpe și din cuie el făcuse
Podoabe și pe-altarul lor răpuse
Cai, sclavi, cîini, păsări și-alte dobitoace.

Isprăvi de vitejie spre-a cînta,
Necontenit vechi nume adunase.
Războiul al bărbaților era
Și-al lăncilor duel de fier tăioase.

Trăia-ntr-o lume de magii pe mare,
De regi, de lupi și de neiertătoare,
Adversă soartă și de sfîntă-oroare
Ce-și are-n crîng de pini ascunzătoare.

Purta cu el cuvinte esențiale
Din limba ce cu timpul s-o sui
La muzica lui Shakespeare: noapte, zi,
Foc, apă, cîteva culori, metale,

Durere, foame, sete, luptă, vis
Și moarte, tot ce omul a-ncercat.
În munți sălbatici și în cîmp deschis
Urmașii-i Englitera au înălțat.

Golemul

Așa cum grecu' afirmă în *Cratyl*,
E, pentru lucruri, numele arhetip;
E-n literele *floare* al florii chip,
Și Nilul tot e în cuvîntul *Nil*.

Un Nume este ce-ar putea s-adune-n
Esență de consoane și vocale
Atotputerea, Dumnezeu, minune
Închisă-n semne, litere cabale.

Adam cîndva și stelele-l știură-n
Grădină. Dar rugina de păcat
(Spun cabaliștii) un văl a aruncat.
Urmașii sacrul nume îl pierdură.

Candoare, har ni-s fără de sfîrșit.
Norodul Lui avu o zi odat'
Cînd Numele să-l afle a cătat
În veghe de cartier israelit.

Și nu precum acela care vaga
Strecoară umbră-n vaga povestire,
Ci-n veac statornic, dăinuie-amintire
Despre bătrînul Löw, rabin din Praga.

Cu setea lui de-a ști ce Domnul știe,
Ani lungi trecu rabinu-n lungi variații
De litere și grele permutații,
Aflînd la urmă Numele ce îi e

Zăvor și Cheie, Poartă și Olimp,
Dezleagă el paiaței plămădite
Cu mîini stîngace-n taine și ispite
Mister de Spațiu, Literă și Timp.

Și simulacrul nalță adormite
Priviri cu care vede forme, nuanțe
Pierdute printre clipe și distanțe;
Mișcări învață-a face ne-mplinite.

Treptat pricepe-astfel (ca noi ceilalți),
Captiv că e-n a lui rețea sonoră.
Acum, Nainte, Ieri, Apoi și Oră,
La Dreapta, Stînga, Tu, Acela, Alți.

(Păpușii-i e rabinul Zeu și Casă
Și-i dă ciudatul nume de Golem.
Acestea toate-s scrise de Scholem,
În cartea lui subtilă și pioasă.)

Rabinu-ntreaga lume desfăcu
(„*Aci-i piciorul meu și iată toga*")
și, după ani de chin, Golem putu
Să măture sfielnic sinagoga.

Să fie o eroare în grafie?
Ori sacrul Nume-i prost articulat?
Dar nu-l făcu înalta lui magie
pe-omuncul să vorbească niciodat'.

Cu ochii lui de fiară, nu de om,
De lucru mai curînd decît de fiară,
În umbra grea de sfînt lăcaș spre seară,
Îl urmărea pe dascăl cu nesomn.

Un lucru necurat e în Golem,
Căci pașii lui tot neamul pisicesc
L-alungă. (Nu-i pisica în Scholem,
Dar dincolo de timp o-ntrezăresc.)

Nălțînd spre dascăl mîinile filiale,
A lui cucernicie-o imita.
Stupid și surîzînd se-mpleticea-n
Chircite temenele orientale.

Rabinul îl privea duios, e drept,
Dar trist și plin de groază mai tîrziu.
De ce creat-am ăst nevolnic fiu,
Uitînd a păcii lege de-nțelept?

La șirul de simboluri reci, severe,
De ce-am adaos altul? Și-unui van
ghem depănat întruna, an de an,
De ce-am dat alt impuls, altă durere?

În ore de amară spaimă vagă,
Privirea la Golem își ațintea.
Cine-ar putea să spună ce simțea
Privindu-și Domnul rabinul din Praga?

1958

Tangoul

Unde sînt oare?-ntreabă elegia
Acelor ce s-au dus, de parcă Ieri
Găsit-a loc cu magice puteri
De-a fi tot Azi și Încă: Veșnicia.

Și unde-o fi (repet) răufăcătorul
Ce-a-ntemeiat pe uliți buclucașe
De lut ori în cătune mărginașe
A șișurilor sectă, sfidătorul?

Și unde-or fi acei care-au plecat,
Lăsînd *Cîntării*-o notă-n partitură
Și timpului un mit, și fără ură
Pasiune-ori interes s-au sfîrtecat?

Îi caut în legendă, în himera
De jar nestins, ce – pasăre firavă –
Ceva păstrează din viteaza pleavă
De prin Corrales și din Balvanera.

În ce obscure uliți ori hambar
De dincolo se-ascunse-n umbra deasă
A altei umbre pe atunci faimoasă
Muraña, din Palermo cuțitar?

Și-acest fatal Iberra (să-i asculte
Preasfîntul ruga) ce pe-un pod de lemn
Ucis-a pe-al său frate, cu însemn
De crime pe răboj ca el mai multe?

Mitologia aceasta de pumnale
În al uitării colb se anulează.
Un cîntec de eroi se degradează-n
Sordide știri de acte criminale.

Alt jar există – pasăre de foc –
Ce sub cenușă îi păstrează-ntregi;
Acolo-s mîndrii cuțitari pribegi
Și-al lor tăcut pumnal ascuns în toc.

Un vis ostil ori poate-un vis ceresc
Ce-i timpul, în noroi i-a prăbușit,
Azi, dincolo de timp și-al lor sfîrșit
Funest, ei, morți, într-un tangou trăiesc.

În muzică-i găsești: stăruitoare
Corzi aspre de chitară laborioasă,
Urzind într-o *milongă* furtunoasă
Și chef, și inocență, și sfidare.

La bîlci, prin față roata mi-a trecut
Cu cai și lei, și încă-aud ecouri
De Greco și Arolas în tangouri
Dansate pe trotuar. Eu le-am văzut

Într-un moment ce azi stingher răzbate
Fără *nainte*, *după*, pe tăcute,
Și are gustul faptelor pierdute
În grea uitare și recuperate.

Acorduri fac vechi lucruri să răsară:
În fundul curții bolțile umbroase.
(Cartierul Sud cu ziduri suspicioase
Păstrează un pumnal și o chitară.)

Tangoul, o rafală,-o nebunie,
Ani grei de fapte îi disprețuiește,
Iar omul – colb și timp – nu viețuiește
Atîta cît ușoara melodie

Ce-i numai timp. Tangoul vag creează
Și ireal trecut ce-i totuși cert,
Un imposibil gînd că zaci inert
Și-n luptă moartea ți-ai găsit, vitează.

Celălalt

În cel dintîi din versurile-agile –
Și mulți sînt hexametrii de aramă! –
Aedul muza-n ajutor o cheamă,
Pentru-a cînta mînia lui Ahile.
Știa că altul – zeu – însuflețește
Cu focul tainic munca lui obscură,
Cum scris va sta apoi și în Scriptură
Că peste toate Sfîntul Duh plutește.
Răsplată pentru-ales e-ncununarea
Cu harul de la zeul nenumit.
Lui Milton, zidul umbrei i-a sortit,
Exilul – lui Cervantes, și uitarea.
A lui e tot ce amintirea, cruda,
Păstrează din trecut. A noastră-i truda.

O roză și Milton

Din nesfîrșite roze fără nume,
Ce-n hău de timp mereu s-au rătăcit,
Vreau una doar să scape-n timp oprit,
Fără pecete ori un semn anume.
Cîndva, un blînd destin mi-a hărăzit
Puterea de-a numi întîia dată
O floare mută și înmiresmată
Ce Milton cu nesaț a mirosit,
Dar n-a văzut-o. Roșie,-aurie,
Tu, albă roză-ntr-o grădină ștearsă,
Trecutul, prin magie neștiută,
Să strălucească lasă-n poezie,
De fildeș, sînge ori argilă arsă,
Ca-n alba-i mînă roza nevăzută.

Cititori

Despre hidalgul smead și stăpînit
De eroism și gust de aventură
Se crede că – virtualitate pură –
Biblioteca nu și-a părăsit.
Isprăvile fidelei povestiri,
Burlesc ori tragicomic încheiate,
De el, nu de Cervantes, sînt visate
Și înțesate-s de închipuiri.
La fel mi-e soarta. Știu că esențial
Și fără moarte s-a pierdut ceva
În chiar biblioteca ce-ngropa
Povestea cu hidalgul exemplar.
Copilul fila-ntoarce grav cu-eresuri,
Visînd nedeslușite înțelesuri.

Ioan, I, 14

În basmul oriental se povestește
De-un rege-al vremii care, osîndit
La fast și plictiseală, a ieșit
Prin mahalale, singur și hoțește,
Și-a navigat prin marea de sărmani
Cu mîini murdare și obscure nume.
Precum acel Emir, plecat în lume,
Harun, Hrist săvîrși-va peste ani.
Născut de o femeie-i, cu însemnul
Acelor ce-s ca pulberea în vînt,
Și-al lui va fi atunci întins pămînt,
Văzduh și apă, pîine, piatră, crini,
Iar mai apoi martiriu, sînge, spini,
Batjocura, și cuiele, și lemnul...

Trezirea

Lumina intră, și mă cațăr lent
Din vise vane-n vis împărtășit,
Iar lucrurile-și capătă dorit
Și necesar loc unic în prezent.
Copleșitor și vast trecut se-adună,
Se-ntoarnă secularele migrații
De păsări și de oameni, conflagrații:
Cartagina vrea Roma s-o răpună.
Se-ntoarnă așijderi zilnica poveste;
Și glas, și chip, și spaimă, și destin.
Vai, dacă somnul cel din urmă, lin,
Urmat de lipsa amintirii este:
Ce-am fost nu se va ști și ce-am făcut,
Și-uitarea s-o așterne pe trecut!

Celui ce nu mai e tînăr

Poți să contempli tragicul scenariu
Și orice lucru-n locul potrivit;
Didonei spada i s-a hărăzit,
Ursitu-i-au un ban lui Belizariu.
Te-nverșunezi războiul căutînd
În bronz de hexametri neguros,
Cînd ai aici pămîntul argilos
Și sîngele și groapa de mormînt.
La pîndă stă oglinda neștiută
Ce-al tău reflex visează spre-a-l uita
Din ceasul greu de suferință mută.
Sfîrșitul te-mpresoară: casa-n care
Se scurge-ncet grăbita-ți înserare
Și-un colț de stradă. E viața ta.

Alexander Selkirk

Mă-nchide-un vis în hău de mări pustii
Și-n dangăte de clopot mă trezesc
Ce-n fapt de ziuă lumea o sfințesc
În Englitera verzilor cîmpii.
Am pătimit cinci ani privind eterne
Singurătăți și zări fără sfîrșit,
Ce astăzi o poveste-au devenit
Pe care-o spun cutreierînd taverne.
M-a-ntors Cel Milostiv în astă lume,
La porți, oglinzi, la numere și nume,
Și nu mai sînt acel ce ne-ncetat
Privea cu jind întinderea pustie.
Ce-ar trebui să fac ca să se știe
Că-aici sînt izbăvit, răscumpărat?

Odiseea, cartea douăzeci și trei

O dreaptă răzbunare a săvîrșit
Oțelul spadei, fapta cuvenită.
Săgețile și lancea ascuțită
Vărsat-au sîngele nelegiuit.
Necontenit luptînd cu piedici grele,
Ulise la nevastă-a revenit,
În ciuda unui zeu care-a stîrnit
Furtuni potrivnice și vînturi rele.
Regina credincioasă se-odihnește
La pieptul regelui. Dar unde-i oare
Bărbatul ce de-atîta timp pe mare
Ducînd un trai de cîine rătăcește?
El vrăjmășia soartei o-nfrunta
Zicînd că *Nimeni* numele-i era.

El

Văd ochii trupului strălucitoarea
Lumină-a soarelui și mîna ta
Atinge fir de praf și stîncă grea;
El e lumina, bezna și paloarea.
El e și vede. Lung te cercetează
Cu ochi neobosiți. El ochiul este
Ce ochii din oglindă-i urmărește,
Cernite hidre, tigri-n ceas de-amiază.
El le-a făcut și este fiecare
Dintre minunile ciudatei lumi
De El zidită: luna schimbătoare
Și trunchi de cedru, ramuri și cununi.
Cain îmi spun. Prin mine, Cel Etern
Iz de pucioasă simte din Infern.

Unui poet minor din 1899

În ceasul cel de jale a rămas
Un vers ce ne pîndește-n asfințit,
Și numele-o să-ți fie priponit
De tulburele, auriul ceas.
Cu rîvnă, ziua pînă s-o sfîrși,
Ciudatul vers vei șlefui mereu;
Cît fi-va lumea azvîrlită-n hău,
Azurul zilei tu-l vei consfinți.
Nu știu de ceasu-acela-ai dobîndit,
Nici, frate-al meu, măcar de-ai existat,
Dar sigur sînt și vreau nestrămutat
Să văd ușoara-ți umbră c-a ieșit
Din grea uitare pentru-un obosit
Moft de cuvinte-n ceas de asfințit.

Texas

Aici la fel e. Parc-ar fi ecoul
Tărîmului de Foc, cu nesfîrșita
Cîmpie unde strigătul pierit-a
Neauzit. Aici găsești lasoul,
Indienii, caii,-al păsării măiastre
Tril ce se-nalță-n roșu asfințit
Peste-ncleștarea-n sumbru zăngănit
De arme. Tainic alfabet de astre
Dictează penei, în șirag de zile
Ce țes necontenitul labirint,
Ciudate nume. Sfîntul Ioachint
Și Alamo – înnoite Termopile.
Și năzuința-n veci necunoscută
A scurtei vieți ce parcă-i ne-ncepută.

Compoziţie scrisă pe un exemplar din *Cîntarea lui Beowulf*

Ce demoni vin, în nesfîrşit alai,
Şi mă-mboldesc să-nvăţ necontenit,
Cînd umbra nopţii m-a acoperit,
Al cruntilor saxoni străvechiul grai?
De ani tocită, amintirea lasă
Să cadă repetat cuvînt în van,
Şi astfel existenţa mea avan
Se face şi desface somnoroasă.
O fi (îmi spun) fiindcă în ascuns
Ăst suflet ce se-ascultă socoteşte
Nemuritor că e, că, nepătruns,
Cerc grav vast strînge totul şi struneşte.
Mai sus decît mi-e truda şi mi-e versul,
Neistovit mă-aşteaptă universul.

Hengist Cyning

Epitaful regelui

Sub piatră zace timpul lui Hengist
Care a întemeiat în aceste insule primul regat
Din stirpea lui Wotan
Și a astîmpărat foamea vulturilor.

Vorbește regele

Nu știu ce rune a însemnat fierul pe piatră
Dar cuvintele mele sînt acestea:
Sub bolta cerurilor eu am fost Hengist mercenarul.
Mi-am vîndut forța și curajul regilor
Din ținuturile dinspre asfințit ce se învecinează
Cu marea care se numește
Războinicul Înarmat cu Lance,
Dar forța și curajul nu îngăduie
Să fie vîndute de oameni,
Și astfel, după ce i-am înjunghiat în Miazănoapte
Pe vrăjmașii regelui britan,
I-am luat lumina ochilor și viața.
Îmi place regatul pe care l-am cucerit cu spada;
Sînt rîuri bune pentru corăbii și pentru năvoade
Și veri lungi
Și pămînt pentru arat și pentru conacuri
Și britani ca să-l lucreze

Și orașe de piatră pe care le vom umple
De jale
Fiindcă sînt locuite de morți.
Știu că pe la spate
Britanii îmi spun trădător,
Dar eu am rămas credincios vitejiei mele
Și nu mi-am încredințat spada altora
Și nici un om n-a cutezat să mă trădeze.

Fragment

O spadă,
O spadă de fier făurită în răcoarea zorilor,
O spadă cu rune
Pe care nimeni nu le va putea nesocoti,
Nici descifra cu totul,
O spadă din Baltica, ce va fi cîntată în Northumbria,
O spadă pe care poeții
O vor asemăna cu gheața și cu focul,
O spadă pe care un rege o va da altui rege,
Iar acest rege unui vis,
O spadă ce va fi credincioasă
Pînă într-un ceas știut de Soartă,
O spadă care va lumina bătălia.

O spadă pentru mîna
Ce va conduce frumoasa luptă, furnicarul de oameni,
O spadă pentru mîna
Ce va înroși dinții lupului
Și nemilosul cioc al corbului,
O spadă pentru mîna
Ce va risipi aurul roșu,
O spadă pentru mîna
Ce va strivi șarpele în cuibul său de aur,
O spadă pentru mîna
Ce va cuceri un regat și va pierde un regat,

O spadă pentru mîna
Ce va culca la pămînt pădurea lăncilor.
O spadă pentru mîna lui Beowulf.

La o spadă în York Minster

În fierul ei zăresc viteaza soarte
A celui care azi țărînă este.
E-un crunt război pe mare a lui poveste.
În van, căci biruit a fost de moarte.
La fel de vană. El e-o-ntreagă lume:
Alb și cumplit acest norveg mînat
Spre Englitera de-un destin ciudat
Și glorios. E spada-i un renume.
Deși s-a stins al luptelor tumult,
Cumplita mînă fierul l-a-ncleștat.
O umbră sînt în umbra de demult
Din fața mea. Sînt doar o clipă, iar
Cenușă este clipa, nu cleștar.
Trecutul singur e adevărat.

Unui poet saxon

Tu, al cărui trup, azi praf și risipire,
A fost la fel cum e al nostru pe pămînt,
Tu, ai cărui ochi văzut-au soarele, stea fără asemuire,
Tu, care ai trăit nu-n ieri înțepenit,
Ci în prezent necontenit,
În ultimul punct și vîrf amețitor al timpului,
Tu, care în mînăstirea ta ai auzit chemarea
Bătrînului glas al epicii,
Tu, care ai urzit cuvintele,
Tu, care ai cîntat biruința de la Brunanburh
Și n-ai socotit că se datorează Domnului,
Ci spadei regelui tău,
Tu, care, cu o bucurie sălbatică, ai cîntat
Îngenuncherea vikingului,
Ospățul corbului și al vulturului,
Tu, care în oda războinică ai consfințit
Metaforele rituale ale neamului,
Tu, care într-un timp fără istorie
Ai văzut în ziua de azi pe cea de ieri
Și în sudoarea și sîngele de la Brunanburh
Un cleștar de vechi aurore,
Tu, care atît de mult iubeai Englitera
Și nu ai numit-o,
Astăzi nu ești altceva decît un șir de cuvinte
Pe care le înregistrează germaniștii.
Astăzi nu ești altceva decît glasul meu
Cînd retrăiește vorbele tale de fier.

Zeilor mei le cer ori timpului însumat
Ca zilele mele să fie vrednice de uitare,
Iar numele meu să fie Nimeni, precum al lui Ulise,
Dar să dăinuie cîteva versuri
În noaptea prielnică amintirii
Ori în diminețile oamenilor.

Snorri Sturluson (1179-1241)

Tu, ce-amintirii noastre ai lăsat
De gheață și de foc mitologie,
Tu, ce cruzimi cumplite pe vecie
De stirpea-ți săvîrșite ai cîntat,
Simțit-ai în acele neguroase
Din urmă clipe-n luptă cum se frînge
Trupu-ostenit, cum inima îți plînge.
Simțit-ai cum îți intră frica-n oase.
În negura Islandei încrețește
Sărata mare viforul turbat.
Ți-e casa-mpresurată. Necurat
Ponos ai suferit. Te covîrșește.
Pălește spada capul tău plecat.
Precum adesea-n cartea-ți s-a-ntîmplat.

Lui Carol al XII-lea

Viking al stepei, Carol ce-ai domnit
În țara suedă, de la miazănoapte
La miazăzi vestit ai fost prin fapte
Ce, spre-a-ți cinsti strămoșii,-ai săvîrșit.
Plăcerea ta a fost războiul care
Te face vrednic de a fi cîntat
Și pomenit în veac, căci neînfricat
Te-ai aruncat în apriga-ncleștare.
De ești biruitor ori ești înfrînt,
Nu-i pasă sorții nepărtinitoare.
Ale monedei două fețe sînt.
Doar vitejia e nepieritoare.
Căci lespedea de piatră e uitare,
Rug înghețat pe un pustiu mormînt.

Emanuel Swedenborg

Mai nalt decît ceilalți, înainta,
Om între oameni, rătăcit de lume:
Abia dacă-i chema pe tainic nume
Pe îngeri. În tăcere cerceta
Ce ochii pămîntești nicicînd nu văd:
Geometria vie, cristalina
Zidire-a Domnului, precum și tina
Și zvîrcolirea, pe pămînt prăpăd.
Știa că Slava Cerului și Iadul
Le-avem în noi, cu-a lor mitologie,
Că zilele-s oglinzi de veșnicie
Și că (grăit-a grecul) timpu-i vadul.
În aspra lui latină-a cercetat
Povestea veche cu *a fost odat'*.

Jonathan Edwards (1703-1785)

Departe de oraş, de for departe,
De zarvă şi de timp, ce-i preschimbare,
Edwards, acuma veşnic, de răcoare
În vis şi umbra deasă are parte
A pomilor de aur. Mîine, ieri
Şi azi sînt una.-N hulă n-au rămas
Făpturile zidirii-n tainic ceas
De aurite astre-ori înserări.
E fericit, şi lumea socoteşte
Că este al mîniei instrument,
Că Raiul le-a fost dat prin testament
Aleşilor, că Iadu-i perpeleşte
Pe cei mai mulţi. În mijloc, ţintuit,
E un Paing. E Domnul, osîndit.

Emerson

Ăst cavaler american înalt
Închide tomul lui Montaigne și pleacă
Pe cîmp momentul unic să-l petreacă:
Măreț ca asfințitul nu e alt'.
Spre punctul depărtat de pe cîmpie,
Spre zarea aprinsă își croiește drum;
Printre răzoare trece, ca acum
Prin amintirea celui care scrie.
Și se gîndește: cărțile-am citit
Fundamentale și cu ce-am cules
Din ele închegat-am înțeles
Și-nțelepciune, cît ne-a fost sortit.
Pe-ntinsul țării numele-mi răsună.
Eu n-am trăit. O soartă-aș vrea mai bună.

Edgar Allan Poe

Fastuoase cripte, anatomie sumbră,
De viermii din mormînt ultragiate;
Spre-a morții biruință, înghețate
Simboluri strîns-a. Fără frică. Umbră
Să-l înspăimînte nu-i, ci numai birul
Iubirii, crud destin de muritor.
Nu l-au orbit metal strălucitor,
Fastuoase cripte, numai trandafirul.
În spatele oglinzii parc-ajuns,
S-a-nchis în acceptat destin bizar
De-a născoci coșmar după coșmar.
De dincolo de moarte poate ascuns
Continuă să nalțe solitar
Turn de minuni cumplite nepătruns.

Camden, 1892

Iz de cafea, cerneală și tutun.
Duminica și lungul ei plictis.
O nouă zi și, iată, vechiul vis
Azi s-a-mplinit: colegul lui cel bun
Își vede versul tipărit în ziar.
Bătrînu-i țintuit acum la pat.
Sărăcăcios sălaș, însă curat.
Se uită în oglinda veche iar.
Nu se mai miră. Chipul ăsta știe
Că-i el. Își trece mîna noduroasă
Prin părul alb și barba cea stufoasă.
Își spune, la intrarea-n veșnicie:
Eu, Whitman, pier, dar versurile-mi cîntă
Întreaga lume. Fost-am o izbîndă.

Paris, 1856

O lungă boală l-a obișnuit
Cu moartea. Să înfrunte înc-o zi
De hărmălaie teamă azi i-ar fi;
De forfota mulțimii-a ostenit.
Ca viermele îl roade-un gînd mereu:
Că rîul-timp încet îl depărtează
De palida lumină de amiază,
De trista soartă de a fi evreu.
Aude delicate melodii
Al căror instrument a fost. Suavă,
Cîntarea nu-i a păsării-n dumbravă,
Ci-a timpului ce curge zi de zi.
Nu te va mîntui privighetoarea,
Nici aurita noapte și nici floarea.

Rafael Cansinos-Asséns

Imaginea poporului hulit
Și izgonit cu pietre-l urmărea
În lung nesomn, și gîndu-l stăpînea,
Cu spaimă sacră, că i-a fost ursit
Să-mpărtășească trudnicu-i destin.
Cîntarea a sorbit-o din Scriptură
Și Psalmi, setos ducînd la gură
Neprețuitul dar: potir cu vin.
Numitu-l-a Israel. L-a auzit
Cansinos înlăuntrul său precum
Profetu-n tainic munte-n sacru fum
De rug de muri de Dumnezeu rostit.
Uitării niciodată nu-l voi da.
Rămînă celelalte-n seama Ta.

Enigmele

Eu, care-acum hălăduiesc cîntînd,
Curînd ascunsul, mortul o să fiu,
Sălaş avînd în fermecat, pustiu
Loc fără *înainte*, *după*, *cînd*.
Aşa am fost deprins. Mă socotesc
Nevrednic de Infern ori Paradis,
Dar nu-s profet. Necontenitul vis
Se primeneşte făr' să-l isprăvesc.
Ce labirint rătăcitor, ce albă
Va fi de strălucire soarta-mi grea,
Cînd capătul poveştii mi-l va da
Experienţa morţii, tristă, oarbă!
Să beau doresc Uitarea-i de cleştar,
Să fiu mereu; să nu fiu. E-n zadar.

Clipa

Trecutul unde-i? Unde-i straniul vis
Cu grele spade de tătari visat?
Dar zidul nalt ce-atunci s-a ridicat?
Dar lemnul Crucii, pom din Paradis?
Prezent e totul. Doar în amintire
Se naltă timpul, și întregul an
Ca veacul este, copiat și van.
Bătaia ceasului e amăgire.
Se sapă-un hău din zori la asfințit
De zbucium și lumină. De-ți privești
Obrazul în oglindă nu mai ești
Același. Noaptea chipu-i diferit.
Fugarul azi ascuns și veșnic este.
Să nu aștepți să-ți spun altă poveste.

Vinului

Numele tău pe bronzul homeric strălucește,
Vin roșu, care inimi viteze-nveselește.

Din veac, din mînă-n mînă tu treci necontenit;
Din corn, din cupă-adîncă, de neamț ori grec sorbit.

Cîndva mijeai cu zorii. Pe drum de generații
Te-ai încălzit la focul nestins de lungi libații.

Ca rîul făr'oprire, de-i noapte ori e zi,
În aclamații spumegi, zvîcnești în bucurii.

Curgînd ca Eufratul, profund, patriarhal,
A lumii perindare o prinzi într-un pocal.

În roș cleștar a noastră privire-ntrezărește
Jertfirea Lui și taina ce-n veac ne mîntuiește.

Te-asemuie sufitul, în strofa-nfiorată,
Cu iataganul, roza ori piatra nestemată.

Din rîul morții tale să-și bea a lor uitare.
Eu caut, dimpotrivă, a vieții sărbătoare.

Sesam ești ce deschide a nopții ușă grea
Și lumînarea sfîntă ce-mprăștii bezna rea.

Vin de cuminecare-a iubirii ori de dor,
De te-oi chema vreodată, să-mi vii în ajutor.

Sonetul vinului

În ce regat, în care ferice veac, sub care
Conjuncție de astre, în marmuri nesăpată,
Și-n care zi țîșnit-a ideea minunată
De-a face bucuria să tremure-n pahare?
Din toamne aurite e zămislită. Vinul
Vîrtos și roșu curge prin șir de generații
Ca rîul veșnic – timpul – și ne redă preaplinul
De foc și de tărie în tainice libații.
În noaptea veseliei, în clipa de restriște,
Reface deopotrivă încrederea și-avîntul,
Iar ditirambu-acesta în care-mi nalță cîntul
Din veac închinătorii s-au priceput să-l iște.
Învață-mă, tu, cupă, a vieții povestire
S-o-nșir; e grămădită cenușă-n amintire.

1964

I

S-a stins magia lumii. S-a pierdut
Puterea ce-o avea asupră-ți luna
Și calmele grădini. Acuma luna
Oglindă a rămas pentru trecut,
Cristal de întristare și de moarte.
Azi pieptul nu-ți tresaltă, e-n zadar,
Nici tîmpla nu-ți zvîcnește. Azi ai doar
Memoria și zilele deșarte.
Nu pierde nimeni (în zadar repeți)
Decît ce n-a avut nicicînd și n-are.
Nu te purta semeț și cu sfidare,
De vrei uitării arta să-i înveți.
Un trandafir, pecete, te omoară,
Și te petrece plînset de chitară.

II

E dusă fericirea. Dar nu-mi pasă,
Cînd sînt pe lume-atîtea lucruri rare.
E mai profundă-o clipă oarecare
Decît oceanul. Viața-acum mă lasă,
Cu ore lungi, în goana ei nebună.
O tainică minune ni se-arată.
E moartea – alt ocean, altă săgeată,

De soare să ne scape și de lună.
Și de iubire. Clipa ce mi-ai dat
Mi-ai luat-o-apoi, ștergînd-o pe vecie.
Ce tot era voiești nimic să fie.
Plăcerea de-a fi trist doar mi-ai lăsat
Și vanul obicei ce pasu-mi poartă
Spre Sud, spre case vechi, cu flori la poartă.

Foamea

Bătrînă, cruntă mumă de-ncăierări spurcate,
Să piară hîdu-ți nume de lupte-nverşunate.

Tu, ce-ai mînat spre zare, în cercul azuriu,
A vikingului provă şi lancea din pustiu.

În Turnu-nfometării, un cavaler din Pisa
Zidit-a monumentul tău trainic, şi-n concisa

Terțină ne permite (atît doar) asfințitul
Să-ntrezărim, şi-n umbra ce cade-ncet – sfîrşitul.

Tu, care din pădure scoți lupul iarna-n sat,
Pe Jean Valjean, săracul, la furt l-ai îndemnat.

Titan tăcut îți este emblemă şi figură
Ce lumea o înghite încet şi fără ură.

O altă zeitate din beznă şi-oseminte,
Hrănindu-se cu foamea, veghează pe morminte.

Tu, care-n odăița lui Chatterton intrată,
Din cărți l-ai scos cu forța sub luna argintată.

Pe cel care trăieşte îl faci, de azi pe mîine,
Să ceară-n rugăciune smerită zilnic pîine.

Tu, ce cu spada lentă tăiat-ai generații
Și-asupra celor vrednici ai asmuțit gealații.

Bătrînă, cruntă mumă de-ncăierări spurcate,
Să piară hîdu-ți nume de lupte-nverșunate.

Străinul

A expediat scrisorile și telegrama
și umblă acum pe străzile monotone.
Bagă de seamă mici deosebiri cărora nu le dă importanță
și se gîndește la Aberdeen sau Leyden,
mai pitorești pentru el decît acest labirint
de linii drepte, lipsit de complexitate,
unde îl poartă timpul unui om
a cărui viață adevărată este departe.
Într-o cameră ce poartă un număr
se va bărbieri apoi în fața oglinzii
care nu-l va mai reflecta niciodată
și i se va părea că acest chip
este mai nepătruns și mai neclintit
decît sufletul care sălășluiește înlăuntru
și care an de an îl cizelează.
Se încrucișează cu tine pe stradă
și poate vei observa că e înalt și șters
și că se uită cu luare-aminte la lucruri.
O femeie nepăsătoare
îi va oferi după-amiaza și tot ce se petrece
dincolo de ușa camerei de hotel. Bărbatul
se gîndește că-i va uita chipul și își va aminti,
mai tîrziu, lîngă Marea Nordului,
jaluzelele sau lampa de pe noptieră.
În noaptea asta ochii lui îl vor privi,
într-un dreptunghi de forme care-au fost cîndva,

pe călăreț și grandioasa lui cîmpie,
fiindcă Far West-ul cuprinde întreaga planetă
și se oglindește în visurile oamenilor
care nu l-au călcat niciodată.
În deasa penumbră, necunoscutul
va crede că este în orașul său
și se va mira trezindu-se în altul,
cu altă limbă și alt cer.
Înainte de agonie,
ne sînt date iadul și raiul;
acum rătăcesc amîndouă prin acest oraș, Buenos Aires,
care pentru străinul din visul meu
(străinul ce-am fost eu sub alte astre)
e alcătuit dintr-o grămadă de imagini imprecise,
hărăzite uitării.

Celui ce mă citeşte

Invulnerabil ești. Cum, nu ți-au dat
Cereștii zei ce soarta-ți stăpînesc
Deșarte certitudini? Nu ți-e oare
Timp neoprit același timp de rîu
În care Heraclit văzu simbolul
Vremelniciei? Marmura te-așteaptă
Dar nu o vei citi. În ea stau scrise
Și data și orașul și-epitaful.
Din timp croite visuri ceilalți sînt
Deopotrivă. Nu sînt bronz, nici aur.
Iar lumea, ca și tine, e Proteu.
Ești umbră și în umbră vei intra
Ce te așteaptă la sfîrșit de drum.
Gîndește-te că ai murit de mult.

Alchimistul

În zori de zi, un tînăr frămîntat
De gînduri negre cată scrutător
La alambic, retorte și cuptor
Pe care-ntreaga noapte le-a-ncercat.

Că aurul, acest Proteu, pîndește
În orice loc el știe, precum soarta;
Că-ascuns e-n colbul drumului, în coarda
De arc și-n brațul ce țintește.

Ascuns în astre și-n noroi, secret
În mintea lui sortit i-a fost să-ncapă;
Ecoul altui vis: că totu-i apă,
Visat cîndva de Thales din Milet.

Alt gînd îl paște, despre Cel Etern
Ce-n toate lucrurile viețuiește,
Precum Spinoza-n cartea-i lămurește
Spinoasă ca pedeapsa din Infern...

Pierdute-n depărtări orientale,
Pe bolta de azur pălesc planete.
Gîndește alchimistul la secrete
Legi ce unesc planete și metale.

Că-atinge crede cu înfrigurare
Metalul nobil ce ucide Moartea.
Alt alchimist, care-i cunoaște soartea,
În pulbere-l preface și-n uitare.

Cineva

Un om măcinat de timp,
un om care nici măcar nu așteaptă moartea
(dovezile morții sînt statistice,
și nimeni nu e scutit de riscul
de a fi primul nemuritor),
un om care a învățat să mulțumească
pentru smeritele pomeni de fiecare zi:
visul, obișnuința, gustul apei,
o etimologie neașteptată,
un vers latin ori saxon,
amintirea unei femei care l-a părăsit
cu mulți ani în urmă
și pe care astăzi și-o poate aduce aminte fără amărăciune,
un om care știe foarte bine că prezentul
se preface necontenit în viitor și uitare,
un om care a fost neloial
și cu care alții au fost neloiali,
poate simți deodată, cînd traversează strada,
o fericire tainică,
ce nu vine din partea speranței,
ci dintr-o veche nevinovăție,
din lăuntrul său ori de la un zeu risipit.

Știe că nu trebuie s-o privească de aproape,
fiindcă sînt motive mai înfiorătoare decît tigrii
care-i vor dovedi îndatorirea

de a fi nefericit,
dar cu smerenie primește
această fericire, această rafală de vînt.

Poate că vom rămîne pentru totdeauna în moarte,
cînd ne vom întoarce în țărînă,
această rădăcină nepătrunsă,
din care pentru totdeauna va crește,
cumpănit sau cumplit,
singuraticul nostru rai sau iad.

Everness

Un lucru știu că nu-i. Este uitarea.
Salvînd metalul, zgura o salvează
El, care-n amintire-nregistrează
Profetic luna ce-o să-aprindă zarea.
Aici e tot. Reflexe infinite
Pe care în oglindă le-ai lăsat
Din revărsat de zori la scăpătat
Și vei lăsa mereu, necontenite.
Și totul e o parte din diversul
Cristal al amintirii: universul.
Sfîrșit nu au îngustele-i culoare
Și pasul tău de uși de fier e-oprit.
Doar dincolo, doar după asfințit,
Vedea-vei Arhetipuri și Splendoare.

Ewigkeit

Grăiește glasul meu iberic vers
Ce spune ce a spus întotdeauna;
Cum Seneca ne-nvață, noima-i una:
Tain la viermi e-ntregul univers.
Grăiește iar cenușa, vrînd să-nvie
Ritualul biruinței zdrobitoare-a
reginei care calcă în picioare
Străvechi stindarde de nimicnicie.
Tot ce primește binecuvîntarea
Din trupul meu nu voi tăgădui.
Un lucru știu că nu-i: este uitarea.
Va arde veșnic și va dăinui
Tot ce-am avut și tot ce-am risipit:
Vers, casă, carte, lună, asfințit.

Edip și Sfinxul

Un patruped în zori, în înserare
Înalt, în trei picioare-apoi pierdut
În spațiul van, așa o a văzut
Eternul sfinx pe ruda-i schimbătoare,
Pe om, și înserarea aducea
Un om ce în oglindă,-nfricoșat,
Al bietei pocitanii duplicat
De decădere și destin vedea.
Sîntem Edip și-așa ne veșnicim.
Sîntem jivina deșirată, triplă,
Tot ce cîndva am fost și ce-o să fim.
N-am suporta să-ntrezărim multiplă
Și hîdă formă. Mare-i îndurarea:
El trecerea ne-a dat-o și uitarea.

Spinoza

Cu translucide mîini evreul vamă
Plătește muncii, șlefuind cristale,
Și ziua ce se stinge-i frig și teamă.
(Sînt zilele, în lung șirag, egale.)
De slabe mîini, de bob de hiacint,
Ce în ungherul de ghetou pălește,
Bărbatul calm nici nu se sinchisește,
Visînd la luminosul labirint.
Nu-l tulbură nici faima, oglindire
De vise-n visul unei alte-oglinzi,
Nici dragostea sfioasă ce-o aprinzi
În piept de fată. Izbăvit de mit,
Cristalul dur lucrează: infinit
Atlas al Celui ce-i întreaga fire.

Spania

Dincolo de simboluri,
dincolo de pompa și de cenușa aniversărilor,
dincolo de aberațiile grămăticului
care vede în istoria hidalgului
ce visa să fie Don Quijote și pînă la urmă chiar a fost,
nu o prietenie și o bucurie,
ci un ierbar de arhaisme și o culegere de proverbe,
ești, Spanie tăcută, în noi.
Spania bizonului, care va muri
de spadă sau de pușcă
pe pășunile asfințitului, la Montana,
Spania unde Ulise a descins în Casa lui Hades,
Spania iberului, a celtului, a cartaginezului și a Romei,
Spania asprilor vizigoți
de stirpe scandinavă,
care au silabisit și au uitat scriptura lui Ulfilas,
păstor de popoare,
Spania Islamului, a cabalei
și a Nopții Întunecate a Sufletului,
Spania inchizitorilor,
care au suportat soarta de a fi călăi
și ar fi putut fi martiri,
Spania lungii aventuri
care a descifrat mările și a biruit crude imperii
și care continuă aici, la Buenos Aires,
în această înserare din luna iulie 1964,

Spania celeilalte chitare, cea sfîșietoare,
nu cea umilă, a noastră,
Spania curților interioare,
Spania pietrei pioase a catedralelor și sanctuarelor,
Spania omeniei și a prieteniei generoase,
Spania curajului gratuit.
Putem avea alte iubiri,
putem să te uităm
așa cum uităm propriul nostru trecut,
fiindcă în mod inseparabil ești în noi,
în zvîcnirile ascunse ale sîngelui,
în stirpea Acevedo și în stirpea Suárez al căror sînge îl moștenesc,
Spania,
mamă de rîuri și de spade și de nenumărate generații,
necontenită și fatală.

Elegie

O, soartă a lui Borges!
Ai cutreierat mările lumii
ori poate singura și singuratica mare cu nume diferite,
ai fost o parte din Edinburgh, Zürich și cele două Córdobe,
din Columbia și Texas,
te-ai întors, după mai multe rînduri de oameni,
la vechile meleaguri ale seminției tale,
în Andaluzia, în Portugalia și în acele comitate
unde saxonii s-au bătut cu danezii și și-au amestecat sîngele,
ai rătăcit prin roșcatul și liniștitul labirint al Londrei,
ai îmbătrînit în atîtea oglinzi,
ai căutat zadarnic privirea de marmură a statuilor,
ai examinat litografii, enciclopedii, atlase,
ai văzut lucrurile pe care le văd oamenii,
moartea, sfiosul revărsat al zorilor,
cîmpia și pîlpîirea stelelor,
și n-ai văzut nimic ori aproape nimic altceva
decît chipul unei fete din Buenos Aires,
un chip care nu vrea să-mi aduc aminte de el.
O, soartă a lui Borges, poate nu mai ciudată decît a ta.

Bogotá, 1963

Adam Cast Forth

Grădină-a fost ori simplă-nchipuire?
Ca mîngîiere,-n ceas de asfințit,
Mă-ntreb dacă trecutul stăpînit
Cîndva de-acest Adam, azi slab de fire,
N-a fost cumva vrăjita-nșelăciune
A Celui mult visat. Ce imprecis
E-n amintire blîndul Paradis!
Dar știu că este și că nu apune,
Nu-i pentru mine. Zgrunțuros ogor
Pedeapsă mi-e. Și vrajba necurmată.
Cain și Abel și urmașii lor.
Iubirea însă ai primit-o-n dar
Și-ai cunoscut, în clipa luminată,
Grădina vie, pentru-o zi măcar.

Unei monede

Rece și furtunoasă era noaptea în care am plecat în larg din Montevideo.
Cînd am trecut de Colină,
am aruncat de pe puntea de sus
o monedă care a sclipit și s-a înecat în apele mîloase,
un obiect luminos pe care l-au smuls timpul și întunericul.
Am avut senzația că am săvîrșit un fapt irevocabil,
că am adăugat la istoria planetei
două serii necontenite, paralele, poate infinite:
soarta mea, alcătuită din zbucium, iubire și vicisitudini deșarte,
și soarta acelui disc de metal
pe care apele îl vor încredința abisului mîlos
ori mărilor depărtate care încă macină
epave de corăbii saxone și feniciene.
Fiecărei clipe a visului meu ori a stării de veghe
îi corespunde altă clipă a monedei oarbe.
Uneori m-a cuprins remușcarea,
alteori pizma
față de tine, care ești cufundată, ca și noi, în timp și-n labirintul său,
fără să știi.

Alt poem al darurilor

Vreau să aduc mulțumiri dumnezeiescului
Labirint de efecte și cauze
Pentru diversitatea făpturilor
Care alcătuiesc acest univers neobișnuit,
Pentru rațiune, care nu va înceta să viseze
La un plan al labirintului,
Pentru chipul Elenei și stăruința lui Ulise,
Pentru dragoste, care ne îngăduie să-i vedem pe ceilalți
Așa cum îi vede Dumnezeu,
Pentru tăria diamantului și apa curgătoare,
Pentru algebră, palat de cleștar desăvîrșit,
Pentru monedele mistice ale lui Angelus Silesius,
Pentru Schopenhauer,
Care a dezlegat probabil taina universului,
Pentru strălucirea focului
Pe care nici o ființă omenească nu-l poate privi fără o veche uimire,
Pentru mahon, cedru și santal,
Pentru pîine și sare,
Pentru misterul trandafirului
Care dăruiește culoare fără să o vadă,
Pentru cîteva seri și dimineți din 1955,
Pentru vajnicii văcari ai pampei
Care mînă cirezile în revărsat de zori,
Pentru ceasul dimineții la Montevideo,
Pentru arta prieteniei,

Pentru ultima zi a lui Socrate,
Pentru cuvintele care s-au spus într-un asfințit
De pe o cruce spre altă cruce,
Pentru acel vis al Islamului care a cuprins
O mie de nopți și încă una,
Pentru acel alt vis al iadului,
Cu un turn de foc ce purifică
și sfere de slavă,
Pentru Swedenborg,
Care stătea de vorbă cu îngerii pe străzile Londrei,
Pentru rîurile tainice și străvechi
Care se adună în mine,
Pentru limba pe care, cu veacuri în urmă, am vorbit-o în
Northumbria,
Pentru spada și harpa saxonilor,
Pentru mare, care este un pustiu strălucitor
Și o mulțime de lucruri pe care nu le cunoaștem
Și un epitaf al vikingilor,
Pentru muzica verbală a Angliei,
Pentru muzica verbală a Germaniei,
Pentru aur, care strălucește în versuri,
Pentru strălucitoarea iarnă,
Pentru numele unei cărți pe care n-am citit-o:
Gesta Dei per Francos,
Pentru Verlaine, nevinovat precum păsările,
Pentru prisma de cleștar și greutatea de bronz,
Pentru dungile de pe blana tigrului,
Pentru înaltele turnuri din San Francisco și de pe insula
Manhattan,
Pentru diminețile din Texas,
Pentru sevilianul care a redactat Epistola Morală
Și al cărui nume, cum el și-a dorit-o, a rămas necunoscut,

Pentru Seneca și Lucan, din Córdoba,
Care, înainte de a exista spaniola, au scris
Toată literatura spaniolă,
Pentru geometricul și vitejescul joc de șah,
Pentru țestoasa lui Zenon și harta lui Royce,
Pentru mirosul medicinal al eucalipților,
Pentru limbaj, care poate simula cunoașterea,
Pentru uitare, care anulează ori modifică trecutul,
Pentru obicei,
Care ne repetă sau ne confirmă ca o oglindă,
Pentru dimineață, care ne dăruiește iluzia unui început,
Pentru noapte, întunericul și astronomia ei,
Pentru curajul și fericirea celorlalți,
Pentru patrie, simțită în floarea de iasomie
Ori într-o spadă veche,
Pentru Whitman și Francesco d'Assisi, care au scris acest poem,
Pentru faptul că poemul este inepuizabil
Și se confundă cu suma fapturilor Domnului
Și nu va ajunge niciodată la ultimul vers
Și este mereu altul, potrivit oamenilor,
Pentru Frances Haslam, care a cerut iertare fiilor săi
Pentru că murea atît de încet,
Pentru minutele ce precedă somnul,
Pentru vis și moarte,
Aceste două comori ascunse,
Pentru darurile lăuntrice pe care nu le pomenesc,
Pentru muzică, tainică formă a timpului.

Odă scrisă în 1966

Nimeni nu e patria. Nici măcar călărețul
Care, semeț, cînd se crapă de ziuă într-o piață pustie,
Străbate timpul pe un armăsar de bronz,
Nici ceilalți care privesc din marmură,
Nici cei care și-au risipit cenușa în fapte vitejești
Pe întinsul Americii
Ori au lăsat în urmă un vers, o biruință
Ori amintirea unei vieți curate,
Reînnoită zi de zi cu bărbăție.
Nimeni nu e patria. Nici măcar simbolurile.

Nimeni nu e patria. Nici măcar timpul
Covîrșit de lupte, spade, exoduri
Și de lenta populare a ținuturilor
Ce se mărginesc cu răsăritul și cu apusul,
Și de chipurile îmbătrînite tot mai mult
În oglinzile aburite,
Și de răbdătoarele agonii neștiute
Ce țin pînă în zori,
Și de păienjenișul ploii
Peste grădini cufundate în întuneric.

Prieteni, patria este o faptă săvîrșită necontenit,
Precum necontenită este lumea. (Dacă Eternul
Spectator ar înceta să ne viseze
O singură clipă, ne-ar trăsni,

Fulger alb și năprasnic, uitarea Lui.)
Nimeni nu e patria, dar noi toți trebuie
Să fim vrednici de vechiul jurămînt
Pe care l-au făcut acei bărbați
De-a fi ce nu știau că sînt: argentinieni,
De-a fi ce-aveau să fie chiar prin faptul
Că se legaseră prin jurămînt în această casă veche.
Sîntem viitorul acestor bărbați,
Îndreptățirea acelor morți;
Avem datoria
Să îndeplinim misiunea glorioasă
Pe care au lăsat-o moștenire umbrei noastre
aceste umbre pe care sîntem datori să le izbăvim.
Nimeni nu e patria, dar noi toți sîntem patria.
Necontenit să ardă-n pieptul meu și în al vostru
Această flacără atît de pură și tainică.

Visul

De visu-ar fi răgaz doar, cum s-a zis,
O tihnă pentru cugetu-ostenit,
De ce, atunci cînd brusc ai fost trezit,
Comori crezi că ţi s-au furat în vis?
De ce, cînd te trezeşti în zori, rămîi
Posac întreaga zi? Eşti jefuit
De-un dar lăuntric şi nedespărţit
De tot ce-i bun în tine. Te mîngîi
Cu dulcea toropeală, poleită
În ceas de veghe de-un zugrav grăbit
Cu vise,-al umbrei biet reflex ciuntit,
Al vistieriei, lume nenumită.
O schimbă-n cioburi Ziua. Cine eşti
Tu, ce-n tărîm de vis te regăseşti?

Junín

Sînt eu, dar sînt și cel care-a murit,
De-același sînge sînt și-același nume,
Un om cum sînt atîția, dar și-anume
Bărbatul care lăncile-a oprit.
Piciorul meu acolo n-a călcat.
În loc pustiu, la-al tău Junín mă-ntorc.
Acum, cînd firul vieții tale-l torc,
M-auzi tu, vis, cenușă, dor chemat?
Tu cauți, poate,-n ochiul meu pustiu
Al bătăliei cîmp de-oșteni cinstit,
Copacul ce-ai sădit și gardul viu
Și-n depărtare cei ce s-au jertfit.
Mi te închipui aspru și mîhnit.
Afla-voi cum erai? Cum ai trăit?

Junín, 1966

Un soldat al lui Lee (1862)

Un glonț pe mal de rîu l-a nimerit
Învolburat, cu nume neștiut.
S-a prăbușit. Așa s-a petrecut
Din astă lume, așa i-a fost ursit.
Se leagănă de aur în văzduh
Un ram de pin. Pe chipul înghețat
Furnici stăruitoare s-au urcat.
Încremenește ceasul de năduh.
Din ziua-aceea multe s-au schimbat
Și am ajuns la ceas de pomenire
Prin glasul meu smerit, înfiorat,
Căci parte n-ai avut de jeluire.
N-ai candelă, n-ai piatră de mormînt.
E cinstea ta o palmă de pămînt.

Marea

Mai înainte de a țese visul
(Ori spaima) mituri și cosmogonii
Și de-a se scurge timpul zi de zi,
Ea, marea, exista, cu-ntreg abisul.
Dar marea cine-i? Ce ființă oare
Din veac pămîntu-l sapă-n temelie
Și una-i și multiplă, agonie,
Abis și vînt, sclipire și-ntîmplare?
Privind-o parc-o vezi întîia dată
Mereu, cu încîntarea ce o lasă
Doar lucrurile simple, o frumoasă
Amiază, luna, zarea-mpurpurată.
Dar marea cine-i? Cine-s eu? Voi ști
Cînd se va scurge cea din urmă zi.

Într-o dimineață a anului 1649

Își taie drum prin gloată și privește
În dreapta și în stînga. S-a desprins
Din chingile escortei. A învins
Convenția minciunii ce-l tocește.
Și-a înțeles că azi primește moartea,
Și nu uitarea, și că este rege.
E osîndit. Cumplita clipă rece
Nu-l înspăimîntă. S-a-mpăcat cu soarta.
A fost, ca bun trișor, indiferent.
Băut-a cupa vieții pîn' la fund.
Rămas-a singur cu casapul crunt.
Nu-i speriat. Acești judecători
Nu sînt Judecătorul. Merge lent.
Zîmbește Carol ca de-atîtea ori.

Unui poet saxon

Northumbria-n zăpadă a zărit-o
Și-a pașilor tăi urmă a uitat.
Se scurg de-atunci apusuri ne-ncetat.
Prăpastia-ntre noi au adîncit-o.
Tu, frate,-n umbră lentă-ai cizelat
Metafore cu spade-n largul mării,
Cu spaime în desișul depărtării
Și-urîtul pribegiei adunat.
Cum aș putea să-ți aflu-nfățișarea?
Sînt lucruri de uitare doar păstrate.
Nicicînd nu voi cunoaște-acestea toate.
Zadarnică-mi rămîne cercetarea.
Tu drumul pribegiei l-ai urmat.
De fier ți-e cîntul ce ni l-ai lăsat.

Buenos Aires

Te căutam în mahalaua care
Cu pampa-n asfințit se-nvecinează
Și-n curtea ce răcoarea o păstrează
De iasomie-n umbra aromitoare.
Erai în amintiri din mahala
Și-a ei mitologie c-un trecut
Din cărți de joc și-ncăierări făcut,
Din neguri și-nserări de peruzea.
În desfundate uliți mai ales
Te regăseam și-n umbre ce se-ntind
Pe ziduri. Garduri de uluci se-aprind
În asfințituri contemplate ades.
Acum în mine ești. Ești numai soartea
Și lucrurile ce le stinge moartea.

Buenos Aires

Orașul e interminabil plan
De nesfîrșite umilinți și-nfrîngeri.
De-aici văzut-am, Asfințit, cum sîngeri
Și-n colțul ăsta am așteptat în van.
Aici, incertul ieri și azi distinctul
Mi-au oferit destine fără număr
De oameni printre care mă prenumăr,
Iar pașii mei urzit-au labirintul.
Aci-nserarea cenușie adastă
Rîvnitul rod promis de auroră,
Și umbra mea aici se pierde, soră
Cu cea din urmă umbră lină, vastă.
Nu dragostea, ci spaimele unesc.
De-aceea atît de mult îl îndrăgesc.

Fiului

Ce ești și ai străbunii tăi îți lasă
Din tată-n fiu. Cu toții-acum
Trasează-același labirintic drum
De dragoste de la Adam purceasă
Și de la Cain și Abel, în zorii
Atît de vechi că-s azi mitologie.
Ajung străbunii, prin pustiu și-urgie,
În clipa zămislirii. Simt fiorii
Prezenței lor multiple. Sîntem noi.
Ești tu și-acei ce-n urmă-ți vin mereu,
Mulțimea celor zămisliți din greu:
Ai lui Adam copii în lung convoi.
Stă veșnicia cuibărită-n lucruri,
Ce-s ale timpului grăbite trucuri.

Pumnalul

Pentru Margarita Bunge

Într-un sipet e un pumnal.

A fost lucrat la Toledo, la sfîrșitul veacului trecut; Luis Melián Lafinur i l-a dat tatălui meu, care l-a adus din Uruguay; Evaristo Carriego l-a ținut cîndva în mînă.

Cei care-l văd trebuie să se joace cîtva timp cu el; se vede că de mult îl căutau; mîna se grăbește să strîngă plăselele care-o așteptau; lama ascultătoare și tăioasă joacă precis în teacă.

Altceva dorește pumnalul.

E mai mult decît o structură alcătuită din metale; oamenii l-au conceput și l-au făcut cu un scop foarte precis; într-un fel este veșnic, pumnalul cu care azi-noapte a fost ucis un om în Tacuarembó e același cu pumnalele cu care a fost omorît Cezar. Vrea să ucidă, vrea să verse neapărat sînge.

Într-un sertar de la scrin, printre ciorne și scrisori, pumnalul își visează visul simplu de tigru, iar mîna se înfioară cînd îl strînge, fiindcă metalul prinde viață, metalul care-l presimte la fiecare atingere pe ucigașul pentru care l-au făurit oamenii.

Uneori mi se face milă. Atîta duritate, atîta credință, o trufie atît de impasibilă și nevinovată, iar anii trec, fără rost.

Cuţitarii morţi

Stîrnind gîlceavă bîntuie prin tîrg.
Se iau mereu la harţă cu-alte umbre
La fel de vane, cenuşii şi sumbre.
Cu foamea şi nevoile. Cu sîrg.
Cînd soarele se culcă-n asfinţit,
Prin mahalele, vajnici cuţitari
Se-ntorc la asfinţitul lor, fatali
Şi morţi, la concubină şi cuţit.
Şi dăinuie-n poveşti cu-nflorituri,
În umblet ţanţoş, tandre serenade,
Priviri fatale şi fluierături.
Detalii sînt ce faima le-o-ncropesc
În curţi cu viţă prinsă-n acolade
Cînd corzile chitarei le ciupesc.

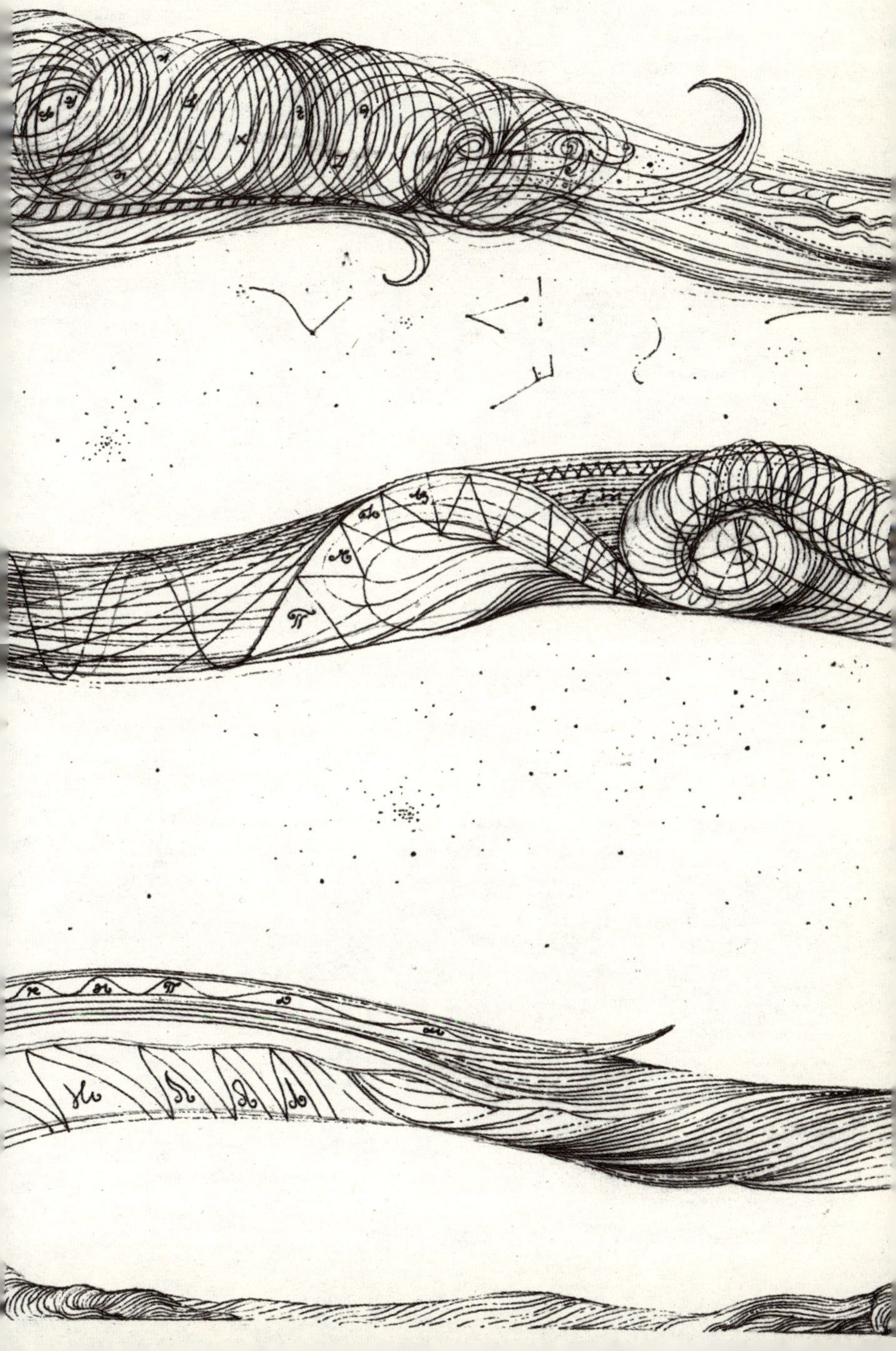

Pentru cele şase corzi

(1965)

Prolog

Orice lectură implică o colaborare și aproape o complicitate. În poemul „Fausto“, trebuie să admitem că un gaucho poate urmări subiectul unei opere cîntate într-o limbă pe care n-o cunoaște; în „Martín Fierro“, o sumedenie de fanfaronade și văicăreli, îndreptățite de scopul politic al operei, dar cu totul străine de firea răbdătoare a țăranilor și de atitudinea prevăzătoare a cîntăreților populari.

În modestul caz al acestor milongas *alcătuite de mine, cititorul trebuie să suplinească muzica absentă cu imaginea unui bărbat ce fredonează, în pragul cerdacului sau într-o cîrciumă, acompaniindu-se la chitară. Mîna zăbovește pe corzi, iar cuvintele povestesc mai puțin decît acordurile.*

Am vrut să evit sensibilitatea afectată a „tangoului-cîntec“ și folosirea sistematică a jargonului lunfardo, *care conferă un aer nefiresc versurilor simple.*

După știința mea, aceste versuri nu mai au nevoie de nici o altă lămurire.

J.L.B.

Buenos Aires, iunie 1965

Milonga celor doi frați

Hai să închinăm zăbava
Vremurilor de demult
Cu pumnale și tumult
Joc de cărți și de arșice,
Întîmplări din Costa Brava.
Înainte zi-i, voinice.

Să vă spun ce s-a-ntîmplat
Nu mai mult decît aseară.
Mocofanii o să sară
Că ei știu, dar eu îndat'
Mă aștern pe colindat,
Nimeni nu mă dă afară.

Domnii mei, astă poveste
Despre frații Iberra este,
Oameni iuți la-ncăierare,
Curajoși nevoie mare.
Azi țărîna-i învelește.

Pe bărbați ori lăcomia,
Ori trufia-i prăpădește.
Dar pe unii îi smintește
Cutezanța, bat-o vina,
Cînd își caută pricina
De gîlceavă, mișelește.

Fratele cel mic mai multe
Omucideri săvîrșise.
Nen' su seama că-și dădea
Că cel mic îl întrecea
Făr' să știe că „greșise"
Capăt vieții îi punea.

Fără grabă, nici zăbavă,
El pe șine-l întindea,
Trenul peste el trecea,
Capul că i-l reteza.
Era pofta ce-o poftea.

Ce v-am spus e-adevărat.
Chiar așa s-a întîmplat.
Frații cînd s-au învrăjbit
Crud omor s-a săvîrșit.

Unde s-au dus?

Soarele nu-l poți opri:
Ba răsare, ba apune,
Iar în curte, ieri, azi, mîine,
Luna stă în rugăciune.
Timpul veșnic se întoarce,
Toate-n colb le învelește.
S-au împuținat vitejii,
Stirpea li se prăpădește.

Unde-s cei ce s-au sculat
Pe-asupriți să-i dezrobească,
Să se ducă-n miazăzi
Pe-aborigeni să-i stîrpească?
Unde-s cei ce la război
În batalioane pleacă?
Unde-s cei ce s-au jertfit
Revoluția s-o facă?

— Nu te amărî. Ca mîine,
Tot așa vom fi și noi,
Căci vom crește-n amintire
Și-om ajunge mari eroi.

Darnic va părea zgîrcitul,
Iar fricosul, curajos.
Moartea poate să prefacă
Pe cel slut în Făt-Frumos.

Unde este golănimea
Din cartierul rău famat,
Care, clocotind de ură,
Traiul și l-a blestemat?
Unde-s cei ce n-au putut
La mînie-a se struni,
Alde Iberra-n miazănoapte
Și Muraña-n miazăzi?

Unde sînt acum temuții,
Mardeiașii patentați?
I-a ros ca rugina timpul;
În pămînt sînt îngropați.
De căruță și de cal
Juan Muraña a uitat.
De Moreira nu se știe
Dacă-n Lobo e-ngropat.

— Nu te amărî. Ca mîine...

Milonga lui Jacinto Chiclana

În cartierul Balvanera,
Se rostea cîndva un nume
De bărbat neînfricat:
Jacinto Chiclana-i spune.

Se mai pomenea atunci
De-un cuțit și-o-ncăierare.
Peste timp întrezărim
Înjunghiat un om cum moare.

Din ce pricină nu știu,
Gîndul nu mă părăsește
De-a afla cum o fi fost
Ăst Chiclana din poveste.

Ca pe-un om dintr-o bucată
Mi-l închipui, neclintit.
Cu o fire cumpătată,
Dar cu mîna pe cuțit.

Nu găseai în tot cartierul
Un bărbat mai de temut.
În iubire și în luptă
Nimenea nu l-a-ntrecut.

În cartierul Balvanera
N-a trăit Chiclana oricum,
Însă moartea l-a găsit
La o margine de drum.

Chipul nu i-l pot vedea.
Pași se-apropie furiș,
Și sub felinar zăresc
Fulgerarea unui șiș.

În acel din urmă ceas,
Cînd mișeii l-au rănit,
Și-o fi spus, de bună seamă,
Că așa i-a fost sortit.

Numai bunul Dumnezeu
Știe cum i-a fost sfîrșitul,
Dar neîntrecut rămîne
În bătaia cu cuțitul.

Vreau un lucru doar să spun:
Nimeni nu se rușinează
Cînd se află c-a avut
Inima în piept vitează.

Curajos de-ai fost, ești vrednic
De prinos. Să fiți bărbați!
Cu Chiclana cel viteaz
Voi *milonga* mi-ascultați.

Milonga lui Albornoz

Zilele-i sînt numărate.
Ceasul i-l cunoaște bine
Cel ce săvîrșește toate
Fără grabă, nici oprire.

Ce nepăsător pășește
Fredonînd un cîntecel,
De sub borul pălăriei
Ochii ridicînd la cer!

E o dimineață rece
Din opt sute nouăzeci.
Albornoz, tu n-ai pereche
În Retiro cînd petreci,

Pîn' la zi la joc de cărți.
De femei ești răsfățat,
De bețivi și hoți temut,
De jandarmi nesupărat.

Au jurat să se răzbune,
Pizmuindu-te în taină,
Cutrele și ticăloșii,
Șișul ascunzînd sub haină.

Nu doar unul, ci trei șișuri
Pe furiș, în zori de ziuă,
Mișelește ciopîrțit-au
Pe craidonul fără frică.

Cînd tăișul de oțel
Pieptul i l-a despicat,
Pe-al lui Albornoz obraz
Nici un mușchi nu s-a mișcat.

Cred că ți-ar plăcea să știi
Că această întîmplare
Cîntec e acum. Căci timpul
Amintire-i și uitare.

Milonga lui Manuel Flores

Manuel Flores o să moară.
Știe asta orișicine;
Căci să mori e-un obicei
Onorat cum se cuvine.

Și-o veni ca mîine glonțul,
Iar cu glonțul și uitarea;
Merlin învățatul spus-a:
Moartea-i una cu născarea.

Totuși, cît de rău îmi pare
Bun rămas să spun vieții!
Și ce trist ar fi s-o pierd,
Mort în floarea tinereții!

Lung mă uit în zori la mîini
Și apoi mă uit la vine.
Mă tot uit și minunez:
Zău că parc-ar fi străine!

Cîte lucruri n-au văzut
Ochii mei ce-n jur tot cată!
Cine știe ce-or vedea
Cînd voi fi la judecată!

Manuel Flores o să moară.
Știe asta orișicine;
Căci să mori e-un obicei
Onorat cum se cuvine.

Elogiul umbrei

(1969)

Prolog

Fără să-mi propun de la început, mi-am închinat viața destul de lungă literaturii, catedrei, zăbavei, liniștitelor aventuri ale dialogului, filologiei, pe care n-o cunosc, misterioasei obișnuințe cu Buenos Airesul și descumpănirilor care, nu fără un dram de trufie, sînt numite metafizică. Nu i-a lipsit vieții mele nici bucuria de a avea cîțiva prieteni, puțini, dar buni. Cred că nu am nici un dușman sau, dacă or fi fost, niciodată nu mi-au adus-o la cunoștință. Adevărul este că nimeni nu poate să ne rănească, în afară de cei pe care-i iubim. Acum, la cei șaptezeci de ani ai mei (fraza este a lui Whitman), dau la tipar această a cincea carte de versuri.

Carlos Frías mi-a sugerat să profit de prilejul oferit de prolog pentru a-mi prezenta viziunea estetică. Sărăcia și voința mea se opun acestui sfat. Nu sînt posesorul unei estetici. Timpul m-a învățat cîteva șiretlicuri: să eludez sinonimele, care prezintă dezavantajul de a sugera deosebiri imaginare, să prefer cuvintele obișnuite cuvintelor surprinzătoare; să intercalez într-o povestire trăsături circumstanțiale, cerute astăzi de cititori; să simulez mici incertitudini, deoarece, dacă realitatea este precisă, memoria nu este; să povestesc faptele (asta am învățat de la Kipling și din vechile saga islandeze) ca și cum nu le-aș înțelege întru totul; să-mi amintesc că normele mai sus pomenite nu sînt obligatorii și timpul va avea grijă să le abolească. De altfel, nu am încredere în estetici. În general, nu izbutesc să fie mai mult decît abstracții inutile; variază cu fiecare scriitor și chiar cu fiecare text și nu pot fi altceva decît stimuli sau instrumente ocazionale.

Cum am mai spus, este a cincea mea carte de versuri. Este cuminte să presupunem că nu este nici mai bună, nici mai rea decît celelalte. La oglinzi, labirinturi și spade, pe care resemnații mei cititori le prevăd, s-au adăugat două teme noi: bătrînețea și etica. Cum se știe, etica nu a încetat niciodată să-l preocupe pe un prieten foarte drag pe care mi l-a dat literatura, Robert Louis Stevenson. Una dintre virtuțile pentru care prefer națiunile protestante celor de tradiție catolică este grija lor pentru etică. Milton voia să-i educe pe copiii din școala lui dîndu-le cunoștințe de fizică, matematică, astronomie și științe naturale; Samuel Johnson făcea următoarea observație la mijlocul veacului al optsprezecelea: „Prevederea și justiția sînt valori primordiale și virtuți care guvernează toate epocile și toate locurile; sîntem necontenit moraliști și numai uneori geometri".

În aceste pagini conviețuiesc, cred, fără vrajbă, proza și versul. S-ar putea invoca antecedente ilustre – De consolatione philosophiae *de Boethius, povestirile lui Chaucer,* O mie și una de nopți *–; prefer să declar că divergențele mi se par accidentale și că aș dori ca această carte să fie citită ca o carte de versuri. Un volum, în sine, nu este un fapt estetic; este un obiect fizic printre altele; faptul estetic se poate produce numai cînd este scris sau citit. Se spune de obicei că versul liber nu este altceva decît un simulacru tipografic; cred că în această afirmație este cuprinsă o eroare. Dincolo de ritmul său, forma tipografică a fiecărui vers slujește pentru a-l anunța pe cititor că îl așteaptă o emoție poetică, nu o simplă informație ori un raționament. Am năzuit cîndva la vasta respirație a psalmilor sau a lui Walt Whitman; cu trecerea anilor îmi dau seama, nu fără melancolie, că m-am limitat să alternez cîțiva metri clasici: alexandrinul, endecasilabul, heptasilabul.*

În cîte o milonga, *am încercat să imit, cu tot respectul, curajul din versurile retorice ale lui Ascasubi și din poeziile de mahala.*

Poezia nu e mai puțin tainică decît celelalte elemente ale universului. Cîte un vers fericit nu poate să ne facă îngîmfați, fiindcă este darul Norocului sau al Spiritului; numai greșelile sînt ale noastre. Sper că cititorul va descoperi în paginile mele ceva vrednic de amintirea lui; în lumea aceasta frumusețea este un bun comun.

J.L.B.

Buenos Aires, 24 iunie 1969

Ioan, I, 14

Nu va fi mai puțin o taină această filă
decît paginile Scripturilor Mele sfinte,
nici ale celorlalte pe care le repetă
gurile neștiutoare,
crezîndu-le ale unui om, nu oglinzi
întunecate ale Sfîntului Duh.
Eu sînt Este, A fost și Va fi,
cobor din nou la limbaj,
care este timp curgător și emblemă.
Cînd te joci cu un copil, te joci cu ceva
apropiat și tainic;
eu am vrut să mă joc cu copiii Mei.
Am stat printre ei cu uimire și duioșie.
Prin dumnezeiască minune
m-am născut din pîntecele unei femei.
Am trăit, ca-ntr-o vrajă, închis în temnița unui trup
și în smerenia unui suflet.
Am cunoscut amintirea,
această monedă care nu este niciodată aceeași.
Am cunoscut nădejdea și teama,
aceste două fețe ale viitorului nesigur.
Am cunoscut veghea, somnul, visele,
ignoranța, fierbințeala trupului,
neghioabele labirinturi ale rațiunii,
prietenia oamenilor,
tainicul devotament al cîinilor.

Am fost iubit, înțeles, lăudat și pironit pe cruce.
Am băut paharul pînă la fund.
Am văzut cu ochii Mei ce nu văzusem niciodată:
noaptea și stelele ei.
Am cunoscut lucruri netede, nisipoase, desperecheate, aspre,
gustul mierii și al mărului,
apa în gîtlejul însetat,
greutatea unui metal în palmă,
glasul omenesc, foșnetul unor pași în iarbă,
mirosul ploii în Galileea,
țipătul înalt al păsărilor.
Am cunoscut și amărăciunea.
Am încredințat această scriere unui necunoscut;
nu va fi niciodată ce vreau eu să spun;
nu va fi altceva decît o răsfrîngere.
Din veșnicia Mea cad aceste semne.
Aș vrea ca altul, nu cel ce este acum copistul lui, să scrie
poemul.
Mîine voi fi un tigru și voi trăi printre tigri
și voi predica legea Mea în pădurea virgină
unui arbore falnic din Asia.
Uneori mă gîndesc cu tristețe
la mirosul din această dulgherie.

Heraclit

Al doilea crepuscul, asfințitul.
Noaptea ce se cufundă în vis.
Purificarea și uitarea.
Primul crepuscul, zorile.
Dimineața care a fost aurora.
Amiaza ce a fost dimineața.
Amiaza prelungă ce va fi înserarea tîrzie.
Al doilea crepuscul.
Această altă haină a timpului, noaptea.
Purificarea și uitarea.
Primul crepuscul...
Aurora discretă și în auroră
neliniștea grecului.
Ce urzeală e aceasta
a lui *va fi*, a lui *este* și a lui *a fost*?
Ce rîu e acesta
prin care curge Gangele?
Ce rîu e acesta, al cărui izvor e de neconceput?
Ce rîu e acesta,
care tîrăște mitologii și spade?
Nu-ți folosește la nimic să dormi.
Curge în vis, în deșert, în hăuri.
Rîul mă poartă cu el, și eu sînt acest rîu.
Dintr-o plămadă moale am fost făcut, din misteriosul timp.
Pentru că izvorul e în mine.
Poate că din umbra mea
se ivesc, fatale și iluzorii, zilele.

Cambridge

Noua Anglie și dimineața.
Dau colțul pe Craigie.
Mă gîndesc (m-am și gîndit)
că numele Craigie e scoțian
și cuvîntul *crag* e de origine celtică.
Mă gîndesc (m-am și gîndit)
că în iarna aceasta se află vechile ierni
ale celor ce-au scris cîndva
că drumul este croit dinainte
și că sîntem fie ai Iubirii, fie ai Focului.
Zăpada și dimineața și zidurile roșii
pot fi forme ale fericirii,
dar eu vin din alte orașe,
unde culorile sînt palide
și în care o femeie, cînd se lasă seara,
va stropi florile din curte.
Îmi înalț privirea și o las să se piardă în azur.
Ceva mai încolo sînt arborii lui Longfellow
și adormitul rîu necontenit.
Nici țipenie pe străzi, deși nu e duminică.
Nu este luni,
ziua care ne dăruiește iluzia de a începe.
Nu este marți, ziua străjuită de planeta roșie.
Nu este miercuri,
ziua acelui zeu al labirinturilor
care în Miazănoapte a fost Wotan.

Nu este joi,
ziua care se resemnează să aştepte duminica.
Nu este vineri,
ziua stăpînită de zeiţa care în umbra pădurii
înlănţuie trupurile îndrăgostiţilor.
Nu este sîmbătă.
Nu se află în timpul curgător,
ci în regatele spectrale ale memoriei.
Precum în vise,
îndărătul porţilor înalte nu e nimic,
nici măcar pustiul.
Precum în vise,
îndărătul chipului care ne priveşte nu e nimeni.
Cap fără pajură,
monedă cu o singură faţă, lucrurile.
Aceste ponosuri sînt bunurile
pe care grăbitul timp ni le lasă.
Sîntem memoria noastră,
sîntem acest himeric muzeu de forme nestatornice,
această grămadă de oglinzi sparte.

New England, 1967

Schimbate-s plăsmuiri de vis acum
de-o parte și de alta roșii case,
covorul fin de frunze ruginoase
și casta iarnă și glodosul drum.
Ca-n ziua-a șaptea, glia e sfințită,
și-n asfințit rumoarea vag persistă,
abia simțită, temerară, tristă,
din Biblie și din război ivită.
Ninsoarea, uite, iarăși s-a pornit,
și-America m-așteaptă credincioasă,
dar simt în înserarea ce se lasă
un azi prea lent și-un ieri ce-i prea grăbit.
Pe nesimțite pasu-ncet îmi port
prin Buenos Aires, îndrăgitul port.

Cambridge, 1967

James Joyce

O zi de om pe toate cu uimire
le ține-ntr-însa, ziua din Olimp,
de necrezut, la început de timp,
cînd s-au tocmit suiș și prăbușire.
La cea din urmă-ajunge cînd șuvoiul
de timp terestru la izvor se-ntoarnă,
la Veșnicie, și prezentul toarnă
în forme noi de zile lungi convoiul.
Istoria e zori și asfințit.
Prin neagra noapte vezi trecînd alai:
exilul aspru, drumul nesfîrșit,
Cartagina arzîndă, iad și rai.
Dă-mi, Doamne, noi puteri și bucurii
ca să înfrunt urcușul încă-o zi!

The Unending Gift

Un pictor ne-a făgăduit un tablou.
Acum, în New England, am aflat că a murit. Am simțit, la fel ca alte dăți, tristețea pe care o încerci cînd înțelegi că sîntem precum un vis. M-am gîndit la omul acela și la tabloul pierdut.
(Numai zeii pot făgădui, fiindcă sînt nemuritori.)
M-am gîndit la un loc dinainte stabilit unde pînza nu va fi atîrnată.
M-am gîndit apoi: dacă ar fi aici, cu timpul ar ajunge un lucru printre celelalte, un lucru și nimic mai mult, înscriindu-se printre zădărniciile și obișnuințele casei; acum e nelimitat, necontenit, în stare să ia orice formă și orice culoare și fără a fi legat de nici una.
Într-un anumit fel există. Va trăi și va crește ca o muzică și va fi cu mine pînă la sfîrșit. Îți mulțumesc, Jorge Larco.
(Și oamenii pot făgădui, fiindcă în făgăduință există ceva nemuritor.)

20 mai 1928

Acum e invulnerabil ca zeii.
Nimic pe pămînt nu poate să-l rănească, nici lipsa iubirii unei femei, nici ftizia, nici neliniştile versului, nici acest lucru alb, luna, pe care nu mai este dator să-l prindă în cuvinte.
Înaintează încet pe sub tei; priveşte balustradele şi porţile, nu pentru a şi le aminti.
Ştie acum cîte nopţi şi cîte dimineţi îi mai sînt date.
Voinţa lui i-a impus o disciplină precisă. Va săvîrşi anumite fapte, va da colţul unor străzi ştiute, va atinge cu mîna un copac sau un grilaj, pentru ca viitorul să fie la fel de irevocabil ca trecutul.
Procedează astfel pentru ca lucrul pe care-l doreşte şi de care se teme să nu fie altceva decît capătul drumului.
Merge pe strada 49; se gîndeşte că niciodată nu-l vor purta paşii pe cutare sau cutare străduţă laterală.
Fără ca ei să bănuiască, s-a despărţit de mulţi prieteni.
Se gîndeşte la ceva ce nu va şti niciodată, anume dacă a doua zi va fi o zi ploioasă.
Se întîlneşte cu un cunoscut şi-i spune ceva nostim. Ştie că acest episod va fi, cîtva timp, o anecdotă.
Acum e invulnerabil ca morţii.
La ora stabilită, va sui cîteva trepte de marmură. (Acest fapt se va păstra în amintirea celorlalţi.)
Va coborî la baie; apa va spăla curînd sîngele de pe faianţă. Oglinda îl aşteaptă.

Își va netezi părul, își va potrivi nodul de la cravată (întotdeauna a fost cam *dandy*, cum îi stă bine unui tînăr poet) și va încerca să-și închipuie că celălalt, cel din oglindă, săvîrșește faptele și că el, dublura lui, le repetă. Mîna nu-i va tremura cînd se va petrece ultimul act. În chip tainic, supus, își va sprijini arma de tîmplă.

Cred că așa s-au întîmplat lucrurile.

Labirint

Ieșire nu-i. N-a fost făcută pentru
Palatul ce cuprinde universul.
Nu poți surprinde-aversul, nici reversul.
Nici zid nu-i împrejur, nici tainic centru.
Nu aștepta să se deschidă poarta
Ori drumul care duce-apoi la altul,
Și îndărătnic altul, și iar altul,
Să aibă vreun sfîrșit. De fier ți-e soarta
Și judele. Atacul n-aștepta
De taur ce-i un om cu chip ciudat,
Plural și hîd. Tresari înspăimîntat
De piatra nesfîrșită. Nu spera
Nimic. El nu există. N-o să vină
În negrul asfințit nici o jivină.

Labirintul

Nu poate Zeus să desfacă plasă
de piatră ce mă strînge. Nu știu rîndul
de oameni care-au fost; urmează gîndul
șir monoton de ziduri, drum ce lasă
în urmă poarta-mi. Drepte galerii
ce se-ncovoaie-n arcuiri secrete,
cînd anii trec, lugubre parapete
de timpul crud mîncate zi de zi.
În praful galben descifrat-am umblet
ce mă-nspăimîntă. În văzduh tresaltă
încovoiate seri ce sumbru poartă
prelung ecou din fiorosul urlet.
în umbră-i Altul, știu, și trista-i soarte
singurătatea-i. Cată să n-ajungă,
pe Hades îl tot cheamă și-l alungă
dorind în sînge să-mi găsească moarte.
Mereu ne căutăm. O, de-ar veni
a așteptării cea din urmă zi!

Ricardo Güiraldes

N-a fost nicicînd așa cuviincios
Ca el vreun om. Era necăutata
Icoană-a bunătății. Adevărata
Esență-a unui suflet luminos.
Nu voi uita nicicînd mărinimoasa
Seninătate-a feței bărbătești.
Cu degete prelungi ușor ciupești
Chitara cu cinci coarde, pîntecoasa.
Ca-n vis mi-apari, de-oglindă înturnat,
(Tu ești real, eu – biet reflex umbrit)
Cu prietenii de vorbă stînd la masă
Și-ți este chipul mort și-nsuflețit.
A ta, Ricardo,-i pampa cea mănoasă,
Cu mînji ce-aleargă-n zori la revărsat.

Unei umbre, 1940

Nu-ți pîngărească glia sacră, Engliteră,
Mistrețul teuton și hiena italiană.
Dea Domnul, insulă-a lui Shakespeare, să te izbăvească
Oștenii tăi și ale tale umbre glorioase.
Pe țărmul ăsta depărtat
Chem umbrele, și ele vin
Din veacul necuprins,
Cu mitre nalte și cununi de fier,
Cu Biblii, spade, rame,
Și ancore, și arcuri.
Se cern asupra mea în noaptea neagră,
Prielnică emfazei și magiei,
Și caut umbra cea ușoară, delicată,
Și-i spun: Prietene,
Vrăjmașul continent se pregătește
Să cotropească Englitera ta,
La fel ca-n zilele în care-ai suferit și ai cîntat.
Oștirile pe mare vin și pe uscat și prin văzduh.
Visează iarăși, De Quincey,
Și țese plase de coșmaruri,
Redute ale țării,
Pentru ca să rătăcească-ntruna vrăjmașii
Prin labirinturile timpului.
Dea Domnul ca noaptea lor doar veacurile s-o măsoare
Și erele și piramidele.
Și să se-aleagă praful

De armele și chipurile lor.
Dea Domnul ca scăparea să ne vină
De la arhitecturile indescifrabile
Ce ți-au îngrozit somnul.
Tu, frate-al nopții, băutor de opiu,
Părinte-al frazelor sinuoase care-acum
S-au preschimbat în labirinturi și în turnuri,
Părinte al cuvintelor ce nu se uită,
M-auzi, prieten nevăzut, m-auzi
De dincolo de aste lucruri nepătrunse
Ce-s mările și moartea?

Lucrurile

Bastonul tău, monedele, portcheiul,
Docila yală, notele tîrzii,
Pe care n-o s-apuci a le citi
În timpul ce-ți rămîne, și condeiul,
Un joc de șah, și cărțile de joc,
Și cartea cu o floare între file,
De neuitat și-uitată amintire
A unei zile. Se-oglindește-un foc
De-apus în iluzoriul răsărit.
O, cîte lucruri, cupă, prag, vîltoare,
Atlase, cuie, par a ne fi slugi!
Ciudate, oarbe, amalgam oprit.
Vor dăinui și după-a ta uitare?
Vor ști cîndva că tu pe veci te duci?

Rubaiyat

Revină-n glasul meu persanul vers
Spre-a ne-aminti că timpu-i un divers
Mod de-a urzi avide visuri vane,
În taină risipite-n univers.

Din nou să spună că cenușă-i focul,
Țărînă-i trupul, și că ăsta-i jocul:
Viața mea și-a ta sînt rîu ce curge
Necontenit și repede-n tot locul.

Și că impunătorul monument
Zidit cu trudă, din trufie, lent,
Un vînt fugar e numai, că-n lumina
Lui Dumnezeu un veac e un moment.

Să ne-amintească-acea privighetoare
De aur, în puterea nopții, care
Își nalță odată trilul și comoara
Nerisipită-n veac de astre-avare.

Revină luna-n versul scrijelit
De mîna ta, precum în asfințit
Revine în grădina ta. Aceeași lună
Ce după-o vreme nu te-a mai găsit.

Să-ți fie pildă-n blînda înserare,
Sub clar de lună,-oglinda mișcătoare
A iazului, ce-ntruna ne învață
Că veșnic vechi și nou e tot ce-apare.

Te rog, persană lună, să revii,
Și voi, incerte-apusuri aurii.
Azi este ieri. Nu ești decît ceilalți.
Țărînă-i chipul lor. Cu morții-învii.

Pentru Israel

Voi şti de eşti în labirint pierdut
De seculare rîuri care curg
În sîngele meu, Israel? Amurg
Şi răsărit la fel noi le-am văzut?
Nu ştiu. Dar sigur sînt că te-am aflat
În cartea sfîntă care izgonirea
Din rai a lui Adam şi pătimirea
Pe drumul crucii le-a răscumpărat.
În cartea eşti în care se-oglindesc
Cinstite feţe care o citesc,
Precum şi chipul Celui Nepătruns
În tulburi ape de cleştar ascuns.
Tu zidul Domnului l-ai apărat
Şi porţi semeţ războiul necurmat.

Israel

Un om întemnițat și fermecat,
un om osîndit să fie șarpele
care păzește aurul mișel,
un om osîndit să fie Shylock,
un om ce se apleacă pe coarnele plugului
și care știe că a fost în Rai,
un om bătrîn și orb care va trebui să sfărîme
coloanele templului,
un chip osîndit să fie o mască,
un om care, în pofida oamenilor,
e Spinoza și Baal Shem și cabaliștii,
un om care e Cartea,
o gură ce înalță laude din hău
dreptății firmamentului,
un procurator ori un dentist
care a stat de vorbă cu Dumnezeu pe munte,
un om osîndit să fie rușine
și ocară, evreul,
un om ucis cu pietre, ars de viu
și asfixiat în camerele morții,
un om ce se înverșunează să nu moară
și care acum s-a-ntors la luptă,
la orbitoarea rază-a biruinței,
frumos precum un leu în ceasul amiezii.

Iunie 1968

În amurgul de aur
ori într-o atmosferă senină al cărei simbol
ar putea fi amurgul de aur,
bărbatul așază cărțile
pe rafturile ce așteaptă
și simte pergamentul, pielea, pînza
și plăcerea pe care o produce
cunoașterea unui obicei
și stabilirea unei ordini.
Stevenson și celălalt scoțian, Andrew Lang,
vor relua aici, ca prin farmec,
discuția liniștită pe care au întrerupt-o
mările și moartea,
iar pe Reyes nu-l va supăra nicidecum
apropierea de Vergiliu.
(A face ordine într-o bibliotecă înseamnă să exerciți,
într-un chip tăcut și modest,
arta criticii.)
Bărbatul, care este orb,
știe că nu va mai putea descifra
frumoasele volume pe care le așază în raft
și care nu-l vor ajuta să scrie
cartea ce-l va justifica în fața celorlalți,
dar amurgul, care este, poate, de aur,
zîmbește în fața ciudatei sorți
și simte acea fericire negrăită
a vechilor lucruri îndrăgite.

Paznicul cărților

Iată grădinile, templele și justificarea templelor,
Muzica potrivită și cuvintele potrivite,
Cele șaizeci și patru de hexagrame,
Riturile care sînt singura înțelepciune
Pe care o acordă oamenilor Firmamentul,
Bună-cuviința acelui împărat
A cărui seninătate a fost reflectată de Lume, oglinda lui,
Și astfel ogoarele dădeau roade
Și torentele rămîneau în matca lor,
Licornul rănit ce se întoarce pentru a-și da sfîrșitul,
Legile tainice, veșnice,
Armonia lumii;
Aceste lucruri ori amintirea lor se află în cărțile
Pe care le păzesc în turn.

Tătarii au venit din Miazănoapte
Pe cai mărunți cu coama înfoiată;
Au zdrobit oștirile
Pe care Fiul Cerului le-a trimis spre a-i pedepsi pentru necredința lor,
Au înălțat piramide de foc și au tăiat beregate,
Au ucis pe cel strîmb și pe cel drept,
Au ucis pe sclavul înlănțuit care păzește poarta,
Au siluit și-au părăsit femeile,
Apoi și-au urmat drumul spre Miazăzi,
Inocenți ca animalele de pradă,

Cruzi ca lama cuțitului.
În zorii șovăielnici
Tatăl tatălui meu a salvat cărțile.
Iată-le în turnul unde zac,
Amintind de zilele care au fost ale altora,
Zile străine și depărtate.

În ochii mei nu sînt zile. Rafturile
Sînt foarte înalte și la anii mei nu ajung la ele.
Leghe de praf și vis înconjoară turnul.
De ce m-aş amăgi?
Adevărul e că niciodată n-am știut să citesc,
Dar mă mîngîi cu gîndul
Că cele închipuite și cele petrecute sînt acum unul și același
lucru
Pentru un om care a fost
Și care privește ce a fost orașul
Și acum e din nou deșertul.
Ce mă împiedică să visez că odată
Am descifrat înțelepciunea
Și am desenat cu o mînă silitoare simbolurile?
Numele meu e Hsiang. Sînt cel ce păzește cărțile,
Care poate sînt ultimele,
Fiindcă nu știm nimic despre imperiu
Și despre Fiul Soarelui.
Iată rafturile înalte,
Apropiate și în același timp depărtate,
Tainice și vizibile asemenea astrelor.
Iată grădinile, templele.

Gauchos

Părea că nu mai știu că străbunii lor veniseră pe mare, că nu mai știu ce este marea și ce sînt valurile.

Metiși cu sînge de om alb i-au disprețuit, metiși cu sînge de piei-roșii au fost dușmanii lor.

Mulți dintre ei n-au auzit niciodată cuvîntul gaucho ori l-au auzit ca pe o insultă.

Au învățat drumurile stelelor, obiceiurile vîntului și ale păsării, profețiile norilor din Miazăzi și ale lunii cu cearcăn.

Au fost păstori de turme pe tărîm de primejdii, îmblînzitori de cai sălbatici, neîntrecuți în mînuirea lasoului și marcarea animalelor cu fierul înroșit, uneori poterași, alteori fugari. Cîte unul, cu viers frumos, era cîntăreț doinaș.

Cînta fără grabă, fiindcă mai era mult pînă se crăpa de ziuă, și cu glas domol.

Erau printre ei și vînători de tigri; cu brațul stîng înfășurat în poncho, înfigeau cu dreptul cuțitul în vintrea animalului care se năpustea asupra lor.

Aveau vorba tărăgănată. Își omorau timpul sorbind din ceaiul de *mate* și jucînd cărți.

Spre deosebire de alți țărani, erau hîtri.

Erau răbdători, cuviincioși și săraci. Ospitalitatea era sărbătoarea lor.

Cîteodată, sîmbăta, își găseau sfîrșitul într-o încăierare la beție.

Mureau și omorau cu inocență.

Nu erau evlavioși, în afară de cazul unei credințe care se dovedea a fi o superstiție obscură, dar viața grea îi învățase cultul curajului.

Oamenii de la oraș le-au atribuit un dialect inventat și o poezie împănată de metafore rustice.

Cu siguranță n-au fost aventurieri, dar turmele îi purtau departe, iar războaiele și mai departe.

Au intrat în istorie printr-o mulțime de căpetenii. Au fost oamenii lui López, Ramírez, Artigas, Quiroga, Bustos, Pedro Campbell, Rosas, Urquiza, ai lui Ricardo López Jordán, care l-a ucis pe Urquiza, ai lui Peñaloza ori Saravia.

N-au murit pentru acel lucru abstract pe care-l numim patrie, ci pentru un stăpîn întîmplător, purtați de mînie ori atrași de primejdie.

Cenușa lor s-a risipit în cele patru vînturi, pe întreg continentul, în republici despre a căror istorie nu știau nimic, pe cîmpuri de bătaie azi faimoase.

Hilario Ascasubi i-a zugrăvit în chip de cîntăreți și luptători.

Și-au trăit soarta ca într-un vis, fără să știe cine erau ori ce erau.

Poate că la fel ni se întîmplă și nouă.

Acevedo

Tot Acevedo astăzi te numești,
Moșie a bunicilor, cîmpie
Nedefinită, țarină și glie.
Doar în închipuire știu cum ești.
Trec anii-n goană. Am îmbătrînit
Și n-am văzut pierzîndu-se în zare
Hotarele pe care ei, călare,
Le cercetau din zori la asfințit.
Pămînt e peste tot. L-am cunoscut
În Iowa,-n țara sfîntă ori pe munte,
Printre grădini, în Galileea, unde
Atîtea drumuri Hrist a străbătut.
N-am rătăcit cărarea. Astă cale
E și a mea.-N dorință și uitare.

Invocaţie către Joyce

Risipiţi în risipite capitale,
singuratici şi numeroşi,
ne jucam de-a cel dintîi Adam
care a dat nume lucrurilor.
Pe vastele pante ale nopţii,
ce se învecinează cu revărsatul zorilor,
căutam (îmi mai aduc aminte) cuvintele
ce desemnează luna, moartea, dimineaţa
şi celelalte obiceiuri ale omului.
Am fost imagismul, cubismul,
bisericuţele şi sectele
pe care le venerează universităţile credule.
Am inventat lipsa semnelor de punctuaţie,
omisiunea literelor majuscule,
strofele în formă de porumbel
ale bibliotecarilor din Alexandria.
Cenuşă este lucrarea mîinilor noastre
şi un foc arzător ne este credinţa.
Tu, între timp, făureai,
în cetăţile pustiului,
în acel pustiu care a fost
detestatul şi alesul tău instrument,
arma artei tale,
înălţai tainicele tale labirinturi,
infinitezimale şi infinite,
admirabil de meschine,

mai populate decît istoria.
Am fi murit fără să întrezărim
fiara cu două fețe ori trandafirul
care sînt centrul labirintului tău,
dar memoria are talismanele ei,
ecourile ei din Vergiliu,
și astfel pe străzile nopții stăruie
infernurile tale strălucitoare,
atîtea cadențe și metafore,
aurul umbrei tale.
Ce mai înseamnă lașitatea noastră, dacă există pe lume
un singur om curajos?
Ce mai înseamnă tristețea, dacă a existat cîndva
cineva care s-a socotit fericit?
Ce mai înseamnă generația mea pierdută,
această oglindă nedeslușită,
dacă este îndreptățită de cărțile tale?
Eu sînt ceilalți. Eu sînt toți aceia
pe care i-a răscumpărat rigoarea ta stăruitoare.
Sînt cei pe care nu-i cunoști și-i mîntuiești.

Israel, 1969

M-am temut că-n Israel mă va pîndi
cu dulceață vicleană
darul pe care secularele diaspore
l-au însumat ca pe o tristă comoară
în orașele necredincioșilor, în cartierele evreiești,
în asfințiturile stepei, în vise,
dorul celor ce te-au jinduit,
Ierusalime, lîngă apa Vavilonului.
Ce altceva ești, Israele, decît acest dar,
decît această voință de a salva,
prin nestatornicele forme ale timpului,
vechea ta carte magică, liturghiile tale,
singurătatea ta cu Dumnezeu?
N-a fost doar atît. Cea mai bătrînă dintre nații
este și cea mai tînără.
Nu i-ai ispitit pe oameni cu grădini,
cu aur și cu scîrba de aur,
ci cu rîvnă, pămîntul cel din urmă.
Israel le-a spus fără cuvinte:
Uita-vei cine ești.
Uita-vei pe cel lăsat în urmă.
Uita-vei cine-ai fost în țara
care ți-a dat înserările și diminețile ei
și căreia nu-i vei da dorul tău.
Uita-vei limba părinților tăi și vei învăța limba Paradisului.
Vei fi un israelit, vei fi un soldat.

Îți vei construi patria din glod, o vei înălța în pustiu.
Alături de tine va trudi fratele tău, al cărui chip nu l-ai văzut niciodată.
Un singur lucru îți făgăduim:
că vei avea un loc în bătălie.

Două versiuni pentru *Ritter, Tod und Teufel*

I

Sub coif himeric, chipul lui sever
E crud ca spada crudă-n așteptare.
Din codrul desfrunzit semeț răsare
În zale ne-nfricatul cavaler.
Mișeii pe furiș și cu tertip
Îl înconjoară: Demon cu servile
Priviri și labirintice reptile,
Și gîrbov moș cu ceasul de nisip.
O, cavalere, te privesc și-mi zic
Că-n pieptul tău nu-i loc de șiretlic,
Minciuni ori teamă. Durei tale soarte
Curaju-i datorezi de-a porunci.
Nu mă-ndoiesc că vrednic o să fii,
Tu, neamț semeț, de Demon și de Moarte.

II

Sînt două drumuri. Drumul ăstui om
De fier și de trufie, călător
Ferm în credință, prin vicleanul codru
Al lumii, de batjocură pîndit
Și dans oprit de Demon și de Moarte.

Iar celălalt e-al meu, și-i scurt. În ce
Uitată noapte-ori zi încețoșată
Fantasticul poem zăriră ochii-mi,
Stăruitorul vis avut de Dürer,
Eroul și suita lui de umbre
Ce cată, stau la pîndă și mă află?
Pe mine, nu pe paladin, mă-ndeamnă
Moșneagu-ncununat de sinuoase
Reptile reci. Clepsidra neoprită-mi
Măsoară timpul, nu eterna clipă
De față. Beznă fi-voi și cenușă;
Eu, mai tîrziu plecat, eu voi străbate
Tot drumul greu; iar tu, ce nu mai ești,
Tu, cavalerul spadei ne-nfricate
Și-al codrului încremenit, urma-vei
Cărarea ta, cît lumea va fi lume,
Închipuit, imperturbabil, veșnic.

Fragmente dintr-o Evanghelie apocrifă

3. Nefericit cel sărac cu duhul, fiindcă sub pămînt va fi ceea ce este acum pe pămînt.
4. Nefericit cel ce plînge, fiindcă a dobîndit jalnica deprindere a plînsului.
5. Fericiți cei ce știu că suferința nu e o cunună de slavă.
6. Nu este de ajuns să fii cel din urmă pentru a ajunge cîndva cel dintîi.
7. Fericit cel ce nu ține cu tot dinadinsul să aibă dreptate.
8. Fericit cel ce iartă altora și se iartă pe el însuși.
9. Fericiți cei blînzi, fiindcă nu se coboară la ceartă.
10. Fericiți cei care nu sînt însetați de dreptate, fiindcă știu că soarta noastră, potrivnică sau milostivă, este rodul întîmplării, care este nepătrunsă.
11. Fericiți cei miloși, fiindcă fericirea lor stă în facerea de bine și nu în nădejdea de răsplată.
12. Fericiți cei cu inima curată, fiindcă îl văd pe Dumnezeu.
13. Fericiți cei care suferă împilare din pricină că au luptat pentru dreptate, fiindcă pentru ei este mai importantă dreptatea decît soarta lor omenească.
14. Nimeni nu este sarea pămîntului; dar nimeni, într-o clipă a vieții sale, nu se poate să nu fie.
15. Să se aprindă lumina unei lămpi, chiar dacă nici un om n-o vede. Dumnezeu o s-o vadă.
16. Nu există poruncă ce nu poate fi călcată, și am în vedere și poruncile pe care le dau eu și pe acelea date de profeți.

17. Cel ce ucide pentru dreptate sau pentru o cauză pe care el o crede dreaptă nu este vinovat.
18. Faptele oamenilor nu sînt vrednice nici de focul gheenei, nici de împărăția cerurilor.
19. Să nu-l urăști pe dușmanul tău, fiindcă, dacă o faci, ești, într-un anumit fel, robul lui. Ura ta nu va fi niciodată mai bună decît pacea ta.
20. Dacă mîna ta dreaptă te smintește, iart-o; ești trupul tău și sufletul tău, și este greu, dacă nu chiar cu neputință, să stabilești hotarul care le desparte...
24. Nu întrece măsura în arătarea adevărului, fiindcă nu este om care la sfîrșitul zilei să nu fi fost nevoit să mintă cu îndreptățire.
25. Nu jura, fiindcă orice jurămînt e o afectare.
26. Ține piept răului, dar fără uimire și fără mînie. Celui care îți dă o palmă pe obrazul drept, întoarce-i și celălalt obraz, dar niciodată să n-o faci de frică.
27. Eu nu vorbesc de răzbunări, nici despre iertare; uitarea este singura răzbunare și singura iertare.
28. Să faci bine dușmanului tău poate fi lucrarea dreptății și nu e greu s-o faci; să-l iubești stă în puterea îngerilor, nu a oamenilor.
29. Să faci bine dușmanului tău este cel mai bun chip de a-ți satisface trufia.
30. Nu strînge aur pe pămînt, fiindcă aurul este pricina lenei, iar din lene se trage întristarea și plictisul.
31. Gîndește-te că ceilalți sînt drepți sau vor fi, iar dacă nu e așa, atunci greșeala nu e a ta.
32. Dumnezeu e mai milostiv decît oamenii și le va măsura faptele cu altă măsură.
33. Dă cele sfinte cîinilor și azvîrle mărgăritare porcilor; lucrul important e să dai.

34. Caută pentru plăcerea de a căuta, nu de a găsi...
39. Poarta alege, nu omul.
40. Nu judec pomul după roadele lui, nici omul după fapte; acestea pot fi mai bune sau mai rele.
41. Nimic nu se clădește pe piatră, totul se înalță pe nisip, dar noi avem datoria să construim ca și cum nisipul ar fi piatră...
47. Fericit săracul fără amărăciune sau bogatul fără trufie.
48. Fericiți cei curajoși, cei ce primesc cu aceeași bărbăție înfrîngerea și laurii biruinței.
49. Fericiți cei ce păstrează în amintire cuvintele lui Vergiliu ori ale lui Hristos, fiindcă acestea le vor lumina zilele.
50. Fericiți cei ce sînt iubiți și cei ce iubesc, precum și cei care se pot lipsi de iubire.
51. Fericiți cei fericiți.

Un cititor

Să se laude alții cu paginile pe care le-au scris;
eu mă mîndresc cu cele pe care le-am citit.
Poate că n-am fost un filolog,
n-am studiat declinările, modurile, laborioasa schimbare a sunetelor,
d care asurzește și devine *t*,
echivalența dintre *g* și *k*,
dar am întreținut de-a lungul anilor
pasiunea pentru limbă.
Nopțile-mi sînt pline de Vergiliu;
faptul c-am știut și am uitat latina
e un cîștig, fiindcă uitarea
e una dintre formele memoriei, subsolul ei vag,
cealaltă față, ascunsă, a monedei.
Cînd în ochii mei s-au șters
vanele aparențe dorite,
figurile și pagina,
am început să studiez limbajul de fier
folosit de străbunii mei pentru a cînta
singurătăți și spade,
și-acum, de-a lungul a șapte veacuri,
de la Ultima Thule,
ajunge la mine glasul tău, Snorri Sturluson.
Tînărul, în fața cărții, își impune o disciplină precisă
și o respectă, urmărind să obțină o cunoaștere precisă;
la vîrsta mea, orice activitate e o aventură

ce se învecinează cu noaptea.
Nu voi mai apuca să descifrez vechile limbi nordice,
nu-mi voi mai cufunda mîinile lacome în aurul lui Sigurd;
sarcina pe care mi-am asumat-o e nelimitată
și mă va întovărăși pînă la capătul drumului,
nu mai puțin misterioasă decît universul
și decît mine, învățăcelul.

Elogiul umbrei

Bătrînețea (acesta-i numele pe care i-l dau ceilalți)
poate fi timpul fericirii noastre.
Animalul a murit ori e aproape mort.
Trăiesc între forme luminoase și vagi
care încă nu sînt întunericul.
Buenos Aires,
care înainte se deșira în mahalale
spre cîmpia nesfîrșită,
e din nou acum Recoleta, Retiro,
străzile cenușii din cartierul Unsprezece
și dărăpănatele case vechi
pe care încă le numim cartierul de Sud.
Întotdeauna în viața mea au fost prea multe lucruri;
Democrit din Abdera și-a scos ochii ca să poată gîndi;
pentru mine timpul a fost Democrit.
Această penumbră se lasă ușor și nu doare;
alunecă pe o pantă lină
și seamănă cu veșnicia.
Prietenii mei n-au chip,
femeile sînt la fel cum erau cu mulți ani în urmă,
colțul de stradă poate fi altul,
nu există litere pe paginile cărților.
Toate acestea ar trebui să mă înspăimînte,
dar sînt o mîngîiere, o întoarcere.
Din nenumăratele texte care există pe pămînt
n-am citit decît foarte puține,

cele pe care continuu să le citesc în memorie,
citind și transformînd.
Dinspre Apus și Răsărit, din Miazănoapte și din Miazăzi,
se-adună drumurile care m-au adus
la centrul meu secret.
Aceste drumuri fost-au ecouri și pași,
femei, bărbați, agonii, învieri,
zile și nopți,
privighetori și vise,
fiecare clipă, oricît de fugară, din trecut
și din trecutul lumii,
temuta spadă a danezului și luna persanului,
faptele celor ce-au murit,
cuvintele, iubirea-mpărtășită,
Emerson și zăpada și atîtea alte lucruri.
Acum le pot uita. Ajung la centrul meu,
la algebra mea și la cheia mea,
la oglinda mea.
Curînd voi ști cine sînt.

Aurul tigrilor

(1972)

Prolog

Din partea unui om care a împlinit cei șaptezeci de ani pe care ni-i urează David nu avem prea multe de așteptat, în afară de mînuirea pricepută a unor iscusințe, cîteva ușoare variațiuni și obositor de multe repetiții. Pentru a eluda sau măcar pentru a atenua această monotonie, am optat pentru acceptarea, probabil cu o ospitalitate temerară, amestecului tematic care mi-a ispitit pana de scriitor experimentat. Pilda urmează după confidență, versul liber sau alb vine după sonet. La începutul timpului, atît de docil față de speculația nebuloasă și de cosmogoniile inapelabile, nu au fost pesemne lucruri poetice sau prozaice. Totul era întrucîtva magic. Thor nu era zeul tunetului; era tunetul și zeul.

Pentru un poet adevărat, fiecare clipă a vieții, fiecare fapt ar trebui să fie poetic, deoarece în mod profund așa și este. După știința mea, nimeni nu a atins pînă astăzi această nobilă stare de veghe. Browning și Blake s-au apropiat de ea mai mult decît alții; Whitman și-a propus să o atingă, dar deliberatele lui enumerări nu depășesc întotdeauna stadiul de liste lipsite de vibrație.

Nu cred în școlile literare, pe care le socotesc născociri didactice pentru a simplifica materia predată, dar dacă aș fi silit să declar de unde provin versurile mele, aș spune că din modernism, această mare libertate care a înnoit numeroasele literaturi al căror instrument comun este limba spaniolă și care a ajuns, de bună seamă, pînă în Spania. Am stat de vorbă de cîteva ori cu Leopoldo Lugones, un om singuratic și trufaș, care de obicei devia cursul dialogului pentru a vorbi despre „prietenul și maestrul meu, Rubén Darío“. (Cred, de altfel, că trebuie să accentuăm afinitățile limbii noastre, nu regionalismele.)

Cititorii mei vor observa în unele pagini preocuparea pentru filozofie. Am avut-o din copilărie, cînd tatăl meu mi-a dezvăluit, cu ajutorul tablei de șah (care era, îmi amintesc cu precizie, de cedru), întrecerea lui Ahile cu broasca țestoasă.

Cît privește influențele care se pot surprinde în acest volum... În primul rînd, scriitorii mei preferați – l-am pomenit puțin mai înainte pe Robert Browning –; apoi, cei pe care i-am citit și îi reiau; apoi, cei pe care nu i-am citit niciodată, dar care se află în mine. O limbă este o tradiție, un mod de a simți realitatea, nu un arbitrar repertoriu de simboluri.

J.L.B.

Buenos Aires, 1972

Tamerlan[1] (1336-1405)

Împărăția mea e-această lume.
Casapii și hangerele-mplinesc
Porunca mea îndată ce-o rostesc.
Nu iese nimeni din cuvîntul meu.
Pînă și tainicul ungher de suflet
Al celor ce n-au auzit vreodată
De mine pe meleaguri depărtate
E instrument al hotărîrii mele.
Eu, care-am fost cioban de la cîmpie,
Mi-am înălțat stindarde-n Persepolis,
Iar caii înfocați și arși de sete
I-am adăpat în necuprinsul Gange.
Cînd m-am născut, o spadă s-a desprins
Din cer, avînd însemn de talismane.
Eu sînt și-ntotdeauna fi-voi spadă.
I-am biruit pe greci și egipteni,
Am pustiit cîmpia necuprinsă
A Rusiei cu aprigii tătari.
Am înălțat mormane-ntregi de tigve,
Am înhămat la carul meu monarhii

1. Bietul meu Tamerlan citise, la sfîrșitul veacului al XIX-lea, tragedia lui Christopher Marlowe și un manual de istorie (n.a.).

Ce n-au voit să-mi recunoască sceptrul.
Am azvîrlit în flăcări în Alep
Coranul, Cartea Cărților, făcută
Pe cînd nu era încă ziuă și nici noapte.
Eu, Tamerlan roșcatul, am ținut-o
În brațe pe Zenocrate cea albă,
Frumoasa egipteancă, ne-ntinată
Precum zăpada de pe culmi de munte.
Îmi amintesc de caravane lente,
De nori de praf din necuprins deșert,
Dar și de-orașu-nvăluit în fum,
Cu lămpi cu gaz aprinse în spelunci.
Știu tot și totu-mi este cu putință.
O carte-ngrozitoare îmi arată
Că mă așteaptă, ca pe toți, o moarte
Necruțătoare și că-n agonie
Voi porunci arcașilor s-azvîrle
Spre cer vrăjmaș săgețile de fier,
Să-ntunece văzduhul dînd de veste
Că zeii au murit, ca toți să știe.
Căci eu sînt zeii. Să-i întrebe alții
Pe astrologi, de-or încerca să afle
Ei cine sînt, utilizînd compasul
Și astrolabul. Astrele sînt eu.
În revărsat de zori mă tot întreb
De ce nu părăsesc cămara asta,
De ce închinăciunea n-o primesc
A zgomotosului Orient. Visez ades
Că vin intruși ori robi și îl mînjesc
Pe Tamerlan cu mîini cutezătoare
Și-i spun să doarmă și să nu-nceteze
Să ia fiertura fermecată seara

Spre-a adormi în liniște și pace.
Hangeru-l caut fără să-l găsesc.
Îmi caut chipul în oglindă. Altul
Îmi pare-acum. Iar cînd am spart oglinda
M-au pedepsit. De ce nu mai asist
La execuții și de ce nu văd
Securea cum se-nfige în butuc?
Aceste lucruri mă neliniștesc,
Dar Tamerlan nu poate să pățească
Nimica dacă nu vrea El, iar El
Pesemne că le vrea fără să știe.
Iar eu sînt Tamerlan și stăpînesc
Apusul și-auritul Răsărit.
Și totuși...

Trecutul

Ușor ne pare-acum că este totul
În schimbător trecut irevocabil:
Socrate, după ce-a băut cucuta,
Vorbește liniștit despre-al său suflet,
În timp ce moartea albastră suie-ncet
Din tălpile-nghețate; implacabil
Ajunge spada-n talger de balanță,
Impune Roma hexametrul spornic
Acestei marmuri obstinate-a limbii
Pe care, sfîșiată, o vorbim;
Și Hengist cu pirații ce străbat
Trăgînd la rame marea-nfuriată
Și-ntemeiază-un viitor Imperiu;
Monarh saxon norvegului oferă
Pămînt de-ngropăciune și-nainte
De asfințit făgăduința-și ține
În bărbătească luptă; călăreții
Pustiului ce-acoperă Orientul
Și-amenință cupolele Rusiei;
Persanul ce înșiră cea dintîi
Din cele *O mie una nopți* și n-are
Cum ști că a-nceput o carte care
Va fi necontenit reluată-n veac
Și nu se va-neca-n uitarea mută;
Salvează Snorri, în pierduta-i Thule,
În palide-asfințituri lenevoase

Și-n noaptea priincioasă amintirii,
Povestea sacră-a zeilor germanici;
Și Schopenhauer tînăr, care află
Alcătuirea generală-a lumii;
Și Whitman, în redacția din Brooklyn,
În izuri de tutun și de cerneluri,
Ia hotărîrea uriașă, fără
Să spună nimănui, întreaga lume
Să fie și o carte tuturora;
Și Arredondo, care-n zorii zilei
Pe Borda-l hăcuie-n Montevideo
Și se predă spunînd c-a săvîrșit
El singur fapta, fără ajutoare;
Soldatul care moare-n Normandia,
Soldatul care moare-n Galileea.

S-ar fi putut ca toate-aceste lucruri
Să nu fi fost. Aproape că n-au fost.
Le-nchipuim într-un trecut fatal.
Alt timp decît prezentul nu există:
E apogeul lui *va fi* și-*a fost*,
Cînd se prelinge firul de nisip.
E iluzoriul ieri de-ncremenite
Figuri de ceară-n vastă încăpere
Ori de reminiscențe literare
Ce timpul le destramă în oglinzi.
Eric cel Roșu, Brenus, riga Carol,
Evanescent apus ce-a fost al tău,
Nu-n amintire-s, ci în veșnicie.

Lui John Keats (1795-1821)

Dintru-nceput pîn' la grăbita moarte,
Cumplita frumusețe te pîndea,
Cum stă la pîndă priincioasa soarte
Ori dușmănoasă.-N zori te aștepta
La Londra și în file-ntîmplătoare
Din dicționarul de mitologie,
În darurile zilei, bucurie
Pe chip, în glas, pe buze pieritoare:
E Fanny Brawne. O, tu, nesăbuit
John Keats, pe dinainte-mi faci să treacă
privighetoarea naltă, urna greacă.
Sînt veșnicia ta, de om sfîrșit.
Văpaie-ai fost. Acum, în amintire,
Nu ești cenușa. Slava-n veșnicire.

Visează Alonso Quijano

Din groaznic vis bărbatul s-a trezit.
În cîmp deschis amenințat era
de iatagane. Barba-și mîngîia
crezînd c-a fost rănit ori a murit.
De braț viteaz i-atîrnă firul vieții.
Vrăjitorii se țes sub clar de lună.
Vrăjmașii nu-s în stare să-l răpună;
doar frigul, oboseala bătrîneții.
Pe visător hidalgo l-a visat
Cervantes, iar la rîndul lui hidalgul
pe vajnic Don Quijote. Mereu altul
și-același este visul repetat.
Quijano doarme și visează: marea
roșită la Lepanto și-ncleștarea.

Unui cezar

În noaptea-n care bîntuie lemuri
și larvele pe morți îi hărțuiesc,
întregul spațiu cosmic iscodesc
și cercetează-n van ai tăi auguri.
În viscere de taur înjunghiat
în van trudit-au taina s-o găsească,
și spada-n van făcut-au să sclipească
în soarele ajuns la scăpătat.
Cu capul pe butuc, înfiorat,
așteaptă osînditu-n rugăciune.
Atunci cînd trîmbița va fi sunat,
va ști că pentru el nu-i iertăciune.
Cînd muntele-i de beznă înghițit,
va ști că tigrul fost-a pîngărit.

On His Blindness

Nevrednic sînt de astre și de zborul
brăzdat pe cer de pasăre, secret,
anevoios, năstrușnic alfabet.
De-i prind urzeala,-ntrezăresc covorul.
Conturul în penumbră-ncet i-l pierde
ochi ager ieri, ce-i astăzi obosit,
de roșu trandafir abia ghicit
în asfințit de violet și verde.
Dar nu-s defel nevrednic de *O mie*
de fermecate *nopți și* încă *una*,
ce-n umbra mea întinse zări deschid,
și nici de Whitman, care a numit,
precum Adam, tot ce-argintează luna.
Sub raza ei iubirea reînvie.

Căutarea

Se-nșiruie de-atunci trei generații
Și mă întorc acum la Acevedo,
Moșia strămoșească unde-i caut
În casa veche, proaspăt văruită,
Pe-naintași, în umbra alungită
Din răcoros cerdac, în nesfîrșitul
Tril care este dincolo de timp
Al păsării, în răpăitul ploii,
În asfințitul repetat de-oglinzi,
Într-un reflex, ecou, ce-a fost al lor
Și astăzi e al meu, deși n-o știu.
Zăbrele-am privit de la ferestre
În care s-au izbit vrăjmașe lănci,
Palmieru-n două despicat de trăsnet,
Cirezile pierdute pe cîmpie,
Eucalipții ce pe-atunci lipseau.
Aici avut-au de-nfruntat primejdii,
Cu spada s-au luptat pentru pămînt,
În lung și-n lat, din zori în asfințit,
Stăpînii de moșii învecinate:
Pedro Pascual, Miguel, Judas Tadeo...
Cine-mi va spune dacă-n tainic chip,
În noaptea petrecută la conac,
Colb scuturînd de ani și străbătînd
Înneguratul drum de amintiri,
Nu ne-am unit, nu ne-am împărtășit,
Eu cufundat în vis, iar ei în moarte!

Pierdută viață

Viața-mi unde-i, ce putea să fie
Dar n-a mai fost? Cea plină, norocoasă,
Ori cea de sumbră spaimă, ce mă-apasă
Că spada n-am încins cu vitejie,
Nici scutul n-am ținut? Și unde-i marea
Și ancora de viking ne-nfricat?
Strămoș persan avut-am. Dar uitat
Destin de-a fi tot eu? Dar întîmplarea
De-a fi orbit? Dar cerul înstelat
Ce-ncredințează, trudnică și mută,
Precum literatura ne-a-nvățat,
O nouă zi plugarului. Tăcută,
Mă aștepta iubita-n asfințit.
Oare-aștepta-va pînă la sfîrșit?

H.O.

O stradă și o ușă încuiată,
Cu soneria, numărul precis,
Cu-aromă din pierdutul paradis,
Ce pe-nserat e veșnic ferecată
La pasul meu. Cînd drumul s-a sfîrșit,
Glasu-așteptat chiar mă va aștepta,
Lung șir de zile se va destrăma
În pacea nopții-n ceas îndrăgostit.
Aceste lucruri nu-s. Am altă soarte:
Ceas tulbure, memorie impură
Și un abuz numit literatură.
La capăt este nedorita moarte.
Doar lespedea-mplinește așteptarea.
O dată scrijelită și uitarea.

Religio Medici, 1643

Mă ține-n pază, Doamne. (Vocativul
Pe Nimeni nu privește. E-un cuvînt
Despre-o zăbavă fără legămînt,
O teamă e, ce-o scrijelește scribul.)
De mine mă păzește. Adormiți,
Montaigne și Browne și-un spaniol uitat
Au spus-o. Am din aurul curat
Ceva ce strîns-au ochii mei umbriți.
Păzește-mă de visu-mi neclintit
De-a fi curînd doar lespede și-uitare.
Păzește-mă să fiu fără-ncetare
Cel care-am fost și nu s-a primenit.
Nu-ți cer de spada grea să mă păzești,
Ci de nădejde-ți cer să mă ferești.

1971

Doi oameni au pășit decis pe lună
Și alții-apoi. Putea-vor ei să spună,
Prin vorbe și prin arta ce visează
Și șlefuiește, ce-au putut să vază-n
Nedeslușit noroc? De aventură
Și har s-au îmbătat aste vlăstare
Ale lui Whitman, care-au fost în stare
Să tulbure pustia lunii, pură.
Pe munte-a lui Endymion iubire
Și hipogriful, sfera cea ciudată
De Wells închipuită,-adevărată
În amintirea mea, azi consfințire
Primesc. Sporește-n toți mîndria.
Nu-i pe pămînt un suflet să nu fie
Mai fericit și vrednic. Energie
Sporită risipește. Bucuria
E-a tuturor, prin fapta cutezată
De-acești prieteni magicieni. Iar luna,
Cu chipul trist, de-ndrăgostiți cîntată,
E monumentul lor, eternă, una.

Lucruri

Volum căzut, pe care celelalte,
În fund de raft, tăcute, îl ascund,
De colb acoperindu-l zi și noapte,
În liniște. Ale Engliterei mări,
Ce greaua ancoră a lui Sidon
O trag la fund, în hăul orb și moale.
Oglinda-n care nimeni nu se vede
Cînd încăperea a rămas pustie.
Și pilitura unghiilor care
Se-adună-ncet-încet, morman de timp.
Indescifrabil colb ce fost-a Shakespeare.
Schimbările prin care trece norul.
Simetric pentru-o clipă trandafir,
Pe care prin hazardul unor cioburi
Îl nimerește un caleidoscop.
Corabia cu rame a lui Argos.
Și urme de nisip pe care valul
Fatal și somnoros le șterge-ntruna.
Culorile lui Turner, cînd se sting
Luminile pe lungul coridor
Și nici un pas în noapte nu răsună.
Reversu-amănunțitei planisfere.
Și mersul de paing pe piramidă,
Și piatra oarbă, mîna tremurîndă.
Și visu-avut cînd se crăpa de ziuă
Și șters din minte cînd s-a luminat.

Sfîrșitul și-nceputul epopeii
Lui Finsburh, azi împuținate versuri
De fier, din care timpul n-a mușcat.
Întoarsa literă pe sugativă.
Țestoasa care-noată în havuz.
Și ce nu poate fi. Și celălalt
Corn al licornei. Troița cea sfîntă.
Triunghiularul disc. Fugara clipă
În care-a eleatului săgeată
Stă nemișcată și pătrunde-n țintă.
Presata floare-ntr-un volum de Bécquer.
Încremenita-n rîu de timp pendulă.
În trunchi înfiptă, a lui Wotan spadă.
Și textu-nchis în fila netăiată.
Ecoul șarjelor de cavalerie
De la Junín ce de atunci în veac
Nu va-nceta și intră în urzeală.
Și umbra lui Sarmiento la tribună.
Păstorul ce aude-un glas pe munte.
Și albe oseminte în pustiu.
Și glonțul ce l-a doborît pe Borges.
Urzeala de covor. Aceste lucruri
Văzute de-al lui Berkeley Dumnezeu

Proteu

Nainte de-al zări pe Odiseu
cu-ai săi vîslași ce marea o brăzdează,
nebănuite chipuri se schițează
ale-unui zeu temut numit Proteu.
Cioban de turme care pasc pe mare
și înzestrat cu darul profeției,
în taină-și ține harul dibăciei
urzind năuc oracole bizare.

De oameni încolțit, se preschimba
în vîlvătaie,-n leu înfricoșat
ori în copac umbros pe mal surpat,
în undă care-n unde se-afunda.
De egiptean Proteu nu te speria,
tu, care-atîtea chipuri poți lua.

Altă versiune a lui Proteu

Rătăcitor pe plaje-nșelătoare,
cînd un spăimos balaur, cînd un zeu,
nu știe ce-i memoria Proteu,
n-a auzit de clipa trecătoare.
Alt chin a cunoscut poznaș Proteu,
nu mai puțin cumplit decît uitarea:
el vede viitorul și-nfruntarea
cum se sfîrșește-ntre troian și-aheu.
De-i încolțit, ia chip neașteptat
de rug ori uragan dezlănțuit.
În tigru se preschimbă aurit,
în val ce peste val s-a revărsat.
Tu ești făcut la fel, din schimbătoare
înfățișări. Pesemne, cică, oare...

Vorbeşte un bust al lui Ianus

Cînd treci de porțile despărțitoare,
cinstește a lui Ianus amintire.
Cuprind, ocrotitor, dintr-o privire
Uscatul sigur, marea-nșelătoare.
Eu două fețe am și-ntrezăresc
trecut și viitor. Dar vrăjmășia
aceeași e, și ura, și mînia.
Nu le-a schimbat cu har dumnezeiesc
și nu le va schimba Acel ce poate
să le preschimbe. Mîini nu am s-o fac.
De piatră sînt. Stau nemișcat și tac.
Să spun nu pot dacă-ndărătnicia
pe care-o văd de mîine-i sau de ieri.
Surpate-s cele două chipuri, pier.

Gaucho

Ivit de pe coclauri de cîmpie
fără de capăt și înțelenită,
el funia o ține pregătită
să-nfrunte-a taurului cerbicie.

Cu băștinașii s-a luptat, cu goții –
cum spaniolilor li se spunea.
Ades la joc de cărți se-ncăiera.
Pierit-a pentru patrie, cu hoții

de-valma, alungați și obidiți.
Doar praful s-a ales. Din aspra lume
de oameni dîrzi, destoinici nici un nume
nu s-a păstrat. Sînt încă pomeniți

cu numele generic, literar.
Au fost văcari, haiduci ori poterași
în munți. Duși în război viteji ostași,
slujind cînd crezul nobil, cînd barbar.

Departe era Domnul. Drept credință,
cuțitul și curajul le-au rămas.
Nicicînd nu-i loc de milă la impas.
Cumplita lege-i drum spre neființă.

Au atîrnat de-a bătăliei soartă
și de noroc. Nu au cerut nimic;
nici cuvenita faimă de voinic –
o năzuință pentru ei deșartă.

Acest sărman, în șură-adăpostit,
își soarbe-alene ceaiul și visează,
privind de ziuă cum se luminează
peste cîmpie. Chip încremenit.

Nicicînd n-a spus: sînt gaucho. I-a fost soartea
să nu viseze soartea celorlalți.
Neștiutor a fost, ca noi ceilalți,
nu mai puțin pribeag primit-a moartea.

Tu

Un singur om s-a născut, un singur om a murit pe pămînt.

A afirma contrariul este pur și simplu statistică, este o adunare imposibilă.

Nu mai puțin imposibilă decît a aduna mirosul ploii cu visul pe care l-ai visat azi-noapte.

Acest om e Ulise, Abel, Cain, primul om care a întocmit constelațiile, omul care a înălțat cea dintîi piramidă, omul care a scris hexagramele din Cartea Schimbărilor, faurul care a săpat runele pe spada lui Hengist, arcașul hoinar Tamberskelver, Luis de León, librarul care l-a zămislit pe Samuel Johnson, grădinarul lui Voltaire, Darwin la prora corăbiei *Beagle*, un evreu în camera de gazare, iar, cu timpul, tu și eu.

Un singur om a murit la Ilion, la Metauro, la Hastings, la Austerlitz, la Trafalgar, la Gettysburg.

Un singur om a murit în spitale, în naufragii, în singurătatea apăsătoare, în alcovul lenei și al dragostei.

Un singur om a privit revărsatul zorilor.

Un singur om a simțit în cerul gurii răcoarea apei, gustul fructelor și al cărnii.

Vorbesc despre singurul, despre unul singur, despre cel care întotdeauna e singur.

Norman, Oklahoma

Poemul cantității

Mi-e gîndul dus la cerul puritan
De solitare și pierdute astre
La care-adesea Emerson privit-a
De pe înzăpezite culmi semețe.
Sînt mult prea multe stelele aici.
Și oamenii-s prea mulți. Nenumărate
Insecte, păsări, pești și tîrîtoare.
Nenumărați jaguari cu constelații,
Și ramuri răsucite și plecate,
Și tufe de cafea, nisip și frunze
Apasă ceasul zilei, împletind
Netrebnic labirint meticulos.
Strivită sub picior, furnica are,
Pesemne,-un rost anume pentru Domnul,
Care-a făcut-o spre-a-mplini canonul
Ce guvernează tainica Sa lume.
De n-ar fi astfel, universu-ntreg
Încurcătură-ar fi și-nvălmășeală.
Oglinzi de abanos și de cleștar,
Oglinda viselor cea iscusită,
Reptilele, lichenii, madreporii,
Șir fără capăt de țestoase-n timp
Și licuricii unei înserări
Și dinastiile de brazi pitici
Și literele mari pe foi de carte

Pe care noaptea nu le șterge sînt
La fel de tainice și personale
Ca mine, ce le-ncurc și nu-ndrăznesc
Să-l judec pe Caligula ori lepra.

San Pablo, 1970

Santinela

Intră lumina și-mi aduc aminte; iat-o.
Dintru început îmi spune numele lui, care este (se înțelege) al meu.
Mă întorc la robia care a ținut mai mult de șapte ori cîte zece ani.
Îmi impune memoria lui.
Îmi impune necazurile de fiecare zi, condiția umană.
Sînt vechiul său infirmier; mă silește să-l spăl pe picioare.
Mă pîndește din oglinzi, din luciul mahonului, din vitrinele magazinelor.
A fost respins de cîteva femei și de fiecare dată trebuie să-mpart cu el suferința.
Îmi dictează acum acest poem, care nu-mi place.
Îmi cere nebuloasa ucenicie în dificila anglo-saxonă.
M-a convertit la cultul idolatru al unor militari morți, cu care probabil că n-aș putea schimba nici un cuvînt.
Pe ultima treaptă a scării simt că e alături de mine.
Este în pașii mei, în glasul meu.
Meticulos îl urăsc.
Îmi dau seama cu bucurie că e aproape orb.
Mă aflu într-o chilie circulară și zidul nesfîrșit se strînge.
Nici unul din noi nu îl înșală pe celălalt, dar amîndoi mințim.
Ne cunoaștem prea bine, nedespărțit frate.
Bei apa din paharul meu și-mi mănînci pîinea.
Ușa sinucigașului e deschisă, dar teologii afirmă că în umbra ulterioară a altei împărății voi fi eu, așteptîndu-mă.

Pentru limba germană

Destinul meu e limba castiliană
e bronzul lui Francisco de Quevedo,
însă pe drumul liniştit al nopţii,
mă-ncîntă sonuri mai lăuntrice.
Sînt ale sîngelui, fără-ndoială,
glasul lui Shakespeare ori Acela al Scripturii,
sau de hazard aduse-atît de darnic.
Pe tine însă, dulce limbă a Germaniei,
de unul singur te-am ales.
În nopţi de veghe, rătăcit în jungle
de declinări, pe file de gramatici aplecat,
cu dicţionare-n care niciodată
nu afli nuanţa care-ţi face trebuinţă,
de tine m-am apropiat.
Nopţile mele-s pline de Vergiliu,
am spus cîndva; la fel de bine însă
de Hölderlin aş fi putut să spun,
şi tot aşa de Angelus Silesius.
Heine mi-a dat privighetori înalte,
norocul dragostei tîrzii la Goethe l-am aflat,
al dragostei ce iartă şi plăteşte.
Keller mi-a pus în mînă trandafirul,
în mîna mea de mort îndrăgostit
ce nu va şti de-i roşu sau e alb.
Tu, limbă a Germaniei, lucrarea capitală
ai fost şi eşti: iubirea împlinită-a

cuvintelor compuse, vocalele deschise,
acele sunete ce-ngăduie sîrguinciosul hexametru
al grecului. Și foșnetul pădurii
în miez de noapte. Te-am știut cîndva.
Astăzi, la capătul atîtor ani istovitori,
te-ntrezăresc cu greu.
Departe ești precum algebra.
Departe precum luna.

Celui întristat

Aici e tot ce-a fost: temuta spadă
De dur saxon și versu-i măsurat,
Și insule și mări, ce i-a fost dat
Odraslei lui Laerte să le vadă,
Și luna de persan, grădini umbroase –
Istorie și gînd înaripat –
Și-al amintirii aur ferecat,
Și-n aer fin parfum de chiparoase.
Nimic nu mai contează. Resemnata
Strădanie a artei nu te scapă,
Nici visu-ncețoșat, și nici uitata,
Stinghera stea, de ziuă cînd se crapă.
O singură femeie-i grija ta.
La fel cu celelalte. Este ea.

Marea

O, mare tînără! A lui Ulise mare
Și-a celuilalt Ulise, poreclit
Sindbad al Mării, corăbier vestit
În tot Islamul. Cenușia mare
De Eric cel Roșcat cutreierată
Și marea celuilalt bărbat vestit
Ce vitejești isprăvi a veșnicit
De luptător în cartea-i întristată.
Și marea Trafalgarului cîntată
În Englitera, întru amintirea
Vitejilor ce s-au jertfit: curată
Și veșnică le fie pomenirea!
În revărsat de zori, necontenit
Nisip de aur spală infinit.

Islandei

Dintre ținuturile-ncîntătoare,
Ce pasul meu și umbra-i le-a bătut,
Ești cea mai depărtată și intimă,
Ultima Thule, Islandă cu corăbii,
Cu plug de lemn, neobosite rame,
Năvoade grele-ntinse la uscat,
Lumină stranie, încremenită,
Ce vagul cer împrăștie în zori,
Și vîntul ce gonește rătăcite,
Vikinge velaturi. Tărîmuri sfinte,
Ce-ați fost memoria germanității
Și i-ați răscumpărat mitologia
Cu codri nepătrunși de fier și lupi,
Corabia ce înspăimîntă zeii
Din unghiile morților făcută.
Islanda, te-am visat de multe ori
Din dimineața-n care bietul tata
I-a dat copilului care eram și încă
mai sînt versiunea din *Völsunga Saga*
Pe care-acum o descifrează umbra
Ce sînt cu dicționarul lent alături.
Cînd trupul ostenește să ne poarte,
Cînd focul stins se schimbă în cenușă,
Nu strică să începi ucenicia
De nesfîrșită muncă răbdătoare.
Eu am ales să mă deprind cu limba

Latină-a Nordului, care-a cuprins cîndva
Cîmpii și mări din toată emisfera
Și-a răsunat pînă-n Bizanț și-apoi
Pe țărmul necălcat al Lumii Noi.
Știu că s-o știu nu voi ajunge, însă
Mă-așteaptă darurile căutării,
Nu pîrguitul rod de neatins.
Același lucru-l vor simți cei care
Examinează numere ori astre...
Nesăbuita dragoste, Islanda.

Oglinzii

De ce, oglindă, fără încetare
dublezi mereu mișcarea-anevoioasă
și-nșelătoare-a mîinii, ne-nțeleasă
și prisoselnică reduplicare?
Ești eul celălalt, de grec numit,
și veșnic stai la pîndă. Pe lucirea
de sticlă aburită, hăituirea
odihnă n-are nici cînd am orbit.
Fără-a vedea, să știu că ești sporește
înfiorarea, iar vrăjitoria
ce-al lucrurilor număr îl sporește
îmi schimbă soarta: plînsul, bucuria.
Cînd voi fi mort, vei copia pe altul
și-apoi pe altul, altul, altul, altul…

Unei pisici

Păşeşti tiptil, că nici nu te simţim,
Învăluită-n taină şi tăcere.
Sub clar de lună, eşti ca o panteră
Pe care-n depărtare o zărim.
Parcă-mplinind porunci dumnezeieşti,
Necontenit, zadarnic încercăm
secretul nepătruns să ţi-l aflăm.
Decît apusul mai bătrînă eşti.
Primeşti a mîinii mele mîngîiere,
Spinarea-ncovoiată s-o-nfioare.
Din depărtări de veac vii şi uitare,
Vieţuitoare-a unei alte ere.
Nu eşti de-aici, ci dintr-un loc închis.
Stăpînă peste-un vast tărîm de vis.

Pentru coiot

Din veac, pustiu-ntins îl străbătură,
Călcînd tiptil nisipul, pașii tăi
Nenumărați. Lung urlet sună-n văi
De sur șacal și hienă nesătulă.
Din veac? Nu mint? Pe tine, lup, ascunsă
Jivină, timpul nu te-atinge. Iată:
Ți-e viața slobodă, nesupărată.
A mea stingheră e și nepătrunsă.
Ai fost cîndva lătrat închipuit
În Arizona, nisipos hotar,
Sălașul tău, de unde ți-ai pornit
Sfîșietorul urlet solitar.
Simbol al unei nopți ce-a fost a mea,
Ăst cînt de jale e oglinda ta.

Aurul tigrilor

Pînă sosi-va ceasul de galben asfințit
Nu-mi voi putea lua ochii
De la impunătorul tigru de Bengal.
De colo-colo umblă pe hărăzitu-i drum
Și nici nu bănuiește
Că gratiile-s închisoarea lui.
Veni-vor mai apoi și ceilalți tigri:
Tigrul de foc veni-va al lui Blake,
Și aur, mult, sub diferite chipuri:
Metalul iubitor ce fost-a Zeus,
Inelul celor nouă nopți, Draupnir,
Cel care zămislește nouă inele,
Iar acestea, altele nouă, și tot așa la nesfîrșit.
Cu anii fost-am părăsit
De alte culori minunate.
Nu mi-au rămas decît
Tremurătoarea lumină, umbra deasă,
Și aurul de la-nceput.
Voi, asfințituri! Voi, tigri! Voi, fulgerări
Ale mitului și ale epocii!
Alt aur văd mai prețios, e părul tău,
Pe care-l jinduiesc aceste mîini.

East Lansing, 1972

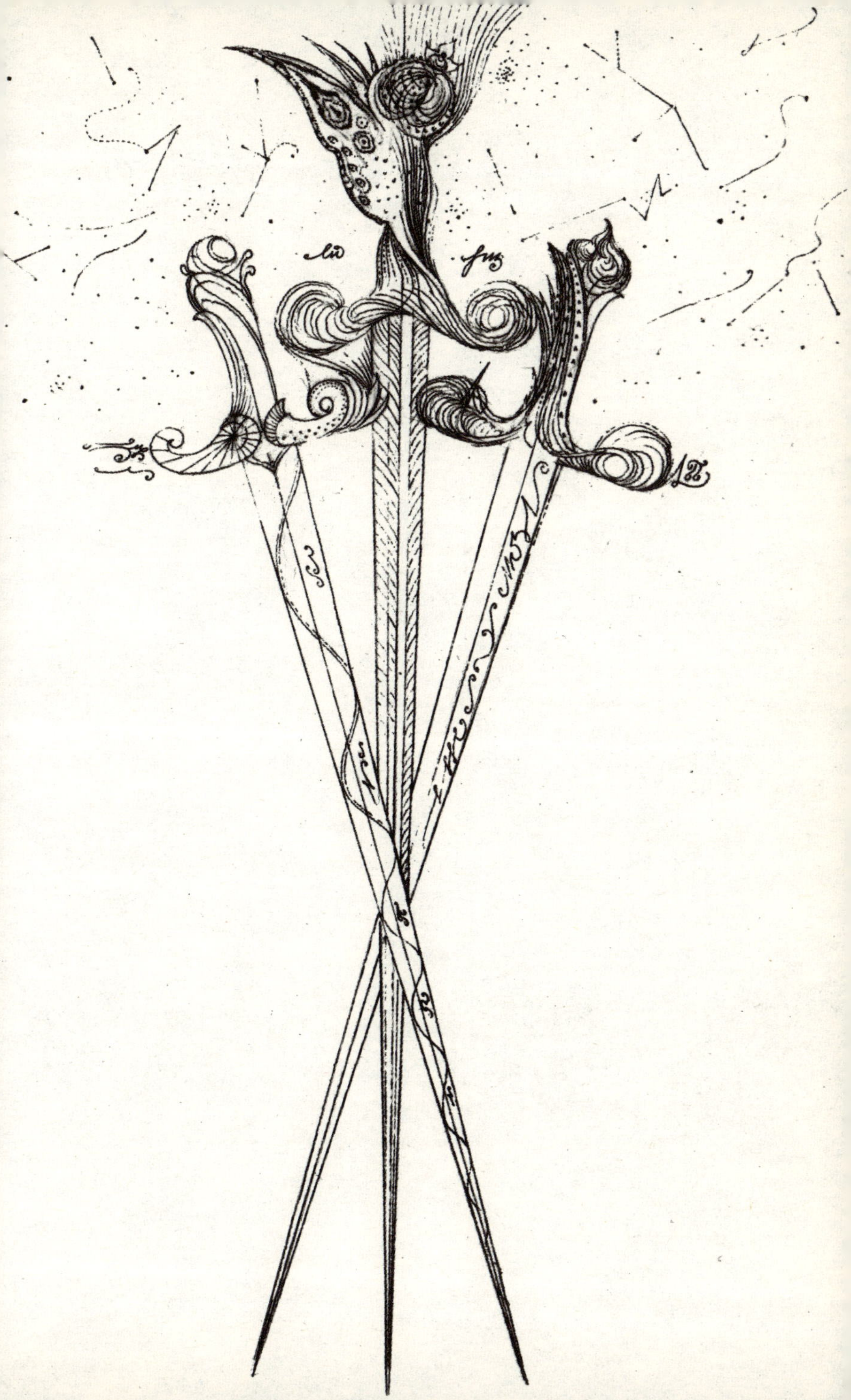

Roza profundă

(1975)

Prolog

Doctrina romantică despre o Muză care îi inspiră pe poeți a fost profesată de clasici; doctrina clasică despre poem ca o operație a inteligenței a fost enunțată de un romantic, Poe, în 1846. Faptul este uimitor. În afara unor cazuri izolate de inspirație onirică – visul cu păstorul pe care-l povestește Beda, celebrul vis al lui Coleridge –, este limpede că ambele doctrine cuprind partea lor de adevăr, numai că aparțin unor etape deosebite ale procesului de creație. (Prin Muză trebuie să înțelegem ceea ce evreii și Milton au numit Spirit și biata noastră mitologie numește Subconștient.) În ce mă privește, procesul este mai mult sau mai puțin invariabil. La început întrezăresc o formă, un fel de insulă depărtată, care va fi apoi o povestire sau o poezie. Văd sfîrșitul și începutul, nu ceea ce se află între ele. Acest lucru mi se dezvăluie treptat, cînd astrele sau hazardul îmi sînt favorabile. Nu o dată trebuie să mă întorc din drum și să străbat zona de umbră. Încerc să intervin cît mai puțin cu putință în evoluția operei. Nu vreau să o deformeze opiniile mele, care, fără îndoială, sînt lipsite de importanță. Ideea de artă angajată este o naivitate, fiindcă nimeni nu știe prea bine ce execută. Un scriitor, spunea Kipling, poate plăsmui o poveste, dar nu-i poate pătrunde tîlcul. Trebuie să fie credincios imaginației lui, nu împrejurărilor efemere ale unei presupuse „realități“.

Literatura începe cu versul și poate întîrzia veacuri pînă să discearnă posibilitatea prozei. După patru sute de ani, anglo-saxonii au lăsat o poezie nu o dată admirabilă și o proză nu tocmai deslușită. Cuvîntul a fost pesemne la început un simbol magic, care cu trecerea timpului s-a tocit. Menirea poetului ar putea fi aceea de a-i reda cuvîntului, măcar în parte, puterea dintîi, acum ascunsă. Orice vers ar avea două îndatoriri: să comunice un fapt precis și să ne atingă fizic, precum apropierea mării. Iată un exemplu din Vergiliu:

Sunt lacrymae rerum et mentem mortalia tangunt.

Și altul din Meredith:

Not till the fire is dying in the grate
Look we for any kinship with the stars.

Sau acest alexandrin de Lugones, într-o spaniolă care parcă vrea să se întoarcă la latină:

El hombre numeroso de penas y de días.

Asemenea versuri își urmează în memoria omenirii drumul lor schimbător.

La capătul atîtor – și prea multor – ani de cînd mă îndeletnicesc cu literatura, nu am o concepție estetică. La ce bun să adăugăm limitelor naturale pe care ni le impune obișnuința pe acelea cuprinse în orice teorie? Teoriile, la fel cu convingerile de natură politică ori religioasă, nu sînt altceva decît imbolduri. Diferă de la un scriitor la altul. Whitman a avut dreptate să respingă rima; această respingere ar fi fost o nesăbuință în cazul lui Hugo.

Citind în șpalt această carte, bag de seamă cu o oarecare nemulțumire că orbirea ocupă un loc năpădit de văicăreli, ceea ce nu se întîmplă în viața mea. Orbirea este o închidere, dar este totodată o eliberare, o singurătate prielnică născocirilor, o cheie și o algebră.

J.L.B.

Buenos Aires, iunie 1975

Eu

Privește hîrca, inima, secretul
De drumuri ale sîngelui – vai, eu
Nu văd nimic – și visul, ăst Proteu,
Și viscerele, ceafa și scheletul.
Sînt toate-aceste lucruri. Mi-a fost dat
Să-mi amintesc de-oțelul ruginit
Al spadei și de-un disc în asfințit
În aur și cenușă preschimbat.
Sînt cel ce vede navele din port;
Vraf de gravuri și cărți îngrămădite
Cu filele de timp îngălbenite,
Sînt cel ce-ar vrea acum să fie mort.
Dar mai ciudat: sînt cel ce potrivește
Cuvintele în umbra care crește.

Cosmogonie

Nici beznă și nici haos. Bezna cată
Ochi văzător, iar melodia are
Nevoie de auz; de reflectare
De lucruri mii oglinda-i însetată.
Nici spațiu și nici timp. Nici bănuită
Măcar divinitate care simte
Tăcerea negrăită dinainte
De noaptea timpului, ce-i infinită.
Bogatul rîu Obscurul Heraclit
Nu și-a pornit în curs fără-ncetare.
Spre viitor trecutu-și cată cale.
Uitarea spre uitare s-a urnit.
Începe cazna. Al ispășirii drum.
Istoria universală. Acum.

Pantera

În cușcă acum, pantera agresivă
Va repeta traiectul ei felin
Ce-i (chiar necunoscut) al ei destin
De neagră perlă, tristă și captivă.
Sînt mii care se duc și tot mii sînt
Care se-ntorc, dar una e, eternă,
Fatală-n grota ei, pantera ternă
Trasînd un drum pe care Ahile-n gînd
De visător elin etern trasează.
În visul ei poiana nu se-arată
În care cerbi cu carnea-nfiorată
S-ar teme că feroce-i devorează.
Degeaba-i largă lumea. N-ai ghicit?
E drumul dinainte stabilit.

Bizonul

Greoi, sălbatic, singur, nepătruns,
Roșcat precum jăraticul sub spuză,
Înaintează-ncet pe-a rîpei buză
găsindu-și adăpost în loc ascuns.
Grumazul își înalță cu mîndrie
străvechiul taur, vag întrezăresc
un om din Altamira ori din West
mocnind în adormita lui mînie.
El nu cunoaște timpul omenesc
cu-oglinzi și năluciri de amintire.
Nu-i pasă de deșarta rătăcire
în lungul drum pe care eu pășesc.
Fără-nceput și fără căpătîi,
E ultimul bizon și cel dintîi.

Spade

Gram, Durendal, Joyeuse, Excalibur.
Cutreieră străvechi războaie versul
Ce-i singura amintire. Universul
Mărinimos le seamănă-mprejur.
E-n spadă-ascunsă-ntreaga vitejie
A brațului cîndva nebiruit;
Tăiș de fier ori bronz care-a izbit
Dușmane capete cu grea urgie.
De ruginite spade vă vorbesc
Care-au răpus balauri și oștiri
În alte vremuri. Azi sînt amintiri
Ce panoplia o împodobesc.
Dă-mi voie, spadă, să te cînt în vers
Eu, care la război nicicînd n-am mers.

Privighetorii

În care ceas de noapte-al Engliterei
ori tainic ceas de Rin necontenit,
ce noaptea de pierdute nopți străbate,
la-al meu neștiutor auz ajuns-a
greu de mitologii măiestru-ți tril,
oh, a persanilor privighetoare
și-a lui Vergiliu? Niciodată, poate,
eu nu te-am auzit, dar pe vecie
viața mea de-a ta-i nedespărțită.
Un duh rătăcitor îți e simbol
în cartea cu enigme. Iar Marino
te-a botezat sirenă a pădurii.
Cînți iscusit într-a Julietei noapte
și-n încîlcita pagină latină.
Cîntarea ți-o înalți în pinii falnici
de pe meleag german cu tril iudaic
de Heine modelat, cînd trist, cînd vesel.
Keats pentru toți ți-a veșnicit cîntarea.
Numele toate cîte ți-au fost date
spre-a-ți proslăvi cîntarea ne-ntrecută
încearcă vrednice de ea să fie,
privighetoare-a umbrei. Agareanul,
cuprins de încîntare, te-a visat
cu pieptul săgetat de spinul rozei
pe care sîngele o înroșește

în clipa de pe urmă. Cu migală,
urzesc în asfințit acest poem,
privighetoare-a țărmului și-a mării,
ce-n amintire,-nflăcărare și legendă
te mistui de iubire, mori cîntînd.

Sînt

Sînt cel ce știe că-i la fel de van
Ca-n luciul de cristal nevorbitor
Înspăimîntatul, vanul privitor
Ce trupul fratelui urmează-avan.
Știu, prieteni neștiuți, că ne-a fost dată
Drept singură iertare doar uitarea
Și că-n uitare e și răzbunarea.
Umanei uri, soluție ciudată!
Ilustre chipuri de-a greși! Ușor
Nu-i să dezlegi ce-i timpul, labirint
Multiplu, unu și mereu distinct,
Al fiecăruia și-al tuturor.
Sînt nimeni. Spada n-am încins voinic.
Ecou sînt, și uitare, și nimic.

Un viitor

Să fie lăudată îndurarea
Acelui care-acum, cînd șaptezeci
De ani am împlinit și ochii-mi sînt
Pecetluiți, mă scapă de povara
Cinstitei bătrîneți, de galeria
Oglinzilor precise, de aceleași
Lungi zile, de catedre, de convenții,
De semnături pe-atîtea formulare
Ce vor pieri-n arhive, și de cărți,
Ce-s simulacre ale amintirii,
Și-mi dăruiește-nsuflețit surghiun,
Ce poate fi temeiul soartei noastre
De argentinieni, hazardu-mi dăruiește
Și tinereasca aventură și
Preavrednica-nfruntare de primejdii,
Precum ritos ne-nvață Samuel Johnson.
Eu, care-am cunoscut rușinea grea
De-a nu fi fost acel Francisco Borges
Căzut în luptă-n șaptezeci și patru,
Ori tatăl meu, care-a predat cîndva
Psihologia fără-a crede-n ea,
Uita-voi buchea ce-mi aduse faimă.
Voi fi un om din Austin, ori pesemne
Din Edinburgh, ori spaniol voi fi,

Și răsăritu-n asfințitul meu
Voi căuta. O, patrie a mea,
În amintirea-atotprezentă fi-vei,
Nu-n ceas fugar al fiecărei zile.

Nu ştim

Nu știe luna că e luminoasă,
și nici măcar nu știe că e luna.
Nisipul că-i nisip. Și-astfel nici una
Din formele vieții că-i aleasă.
La fel e-al piesei fildeș de străin
de-abstractul șah precum e cel ce-o mută.
A noastră soartă, poate, ce-i făcută
din scurte bucurii și un veșnic chin,
e instrumentul Altuia. Nu știm;
spunîndu-i Dumnezeu nu vindeci boala.
Zadarnice sînt teama, îndoiala
și bălmăjita rugă ce-ncropim.
Din care arc săgeata a pornit?
Spre ce mă-ndrept? Ce culme a țintit?

Un orb

Nu știu ce chip e cel ce mă privește,
Cînd chipul din oglindă îl privesc;
Și nici al cui e chipul bătrînesc,
Tăcut și ostenit ce mă pîndește.
Încet, în umbră, mîna-mi dibuiește
Contururile vagi. Lumini sclipesc,
Și părul tău o clipă îl zăresc
Ce-i de cenușă ori de aur este.
Repet, cu Milton: tot ce am pierdut
E-a lucrurilor vană suprafață.
E-o mîngîiere-aceasta, el ne-nvață.
La litere, la roze gîndu-mi mut
Și cred că, dacă fața aș putea
Să-mi văd, acum, eu cine-s aș afla.

1972

Temutu-m-am că viitorul (care
a și sosit) tunel de-oglinzi va fi,
aidoma,-aburite,-ntunecate,
o panoramă de deșertăciuni,
iar în penumbra ce precedă visul
rugatu-i-am pe zeii neștiuți
să-mi dea ceva ca să mă țină-n viață.
Ei Patria mi-au dat-o, ce strămoșii
slujit-o-au cu sîrg și suferințe,
cu lipsuri și cu foamete-n războaie.
Aici din nou frumosul risc apare.
Nu sînt acele-ocrotitoare umbre
pe care le-am cinstit în vers. Acum
sînt orb și împlinit-am șaptezeci de ani.
Nu sînt viteaz precum Francisco Borges,
care-a murit cu pieptul ciuruit
de gloanțele vrăjmașului, pe patul
unui spital de suferință și de sînge,
dar Patria, azi terfelită,-mi cere
cu pana mea de cărturar obscur
ce-și umple timpul cu nimicuri vane,
ce nu a fost nicicînd schimbată-n spadă
să intru-n vînt turbat de epopee
și cale să-mi deschid. Acum o fac.

Elegie

Trei chipuri vechi îmi descifrează chipul:
Unu-i Okeanos, ce-a stat de vorbă cu
Claudius. Al doilea-i Nordul rece-al spadei
ce ne-nfioară-n zori și-n asfințit.
Al treilea-i Moartea, nume-nșelător
al lacomului timp ce ne înghite.
Povara grea de secular trecut,
istoria trăită ori visată,
mă-apasă, ca o vină personală.
Mă duce gîndul la trufașa navă
ce-ntoarnă mării trupul lui Scyld Sceaving
care-a domnit cîndva în Danemarca.
Mă duce gîndul la-nhămatul lup
cu chingi de șerpi ce-a dat
corăbiei în flăcări albul chip
al falnicului zeu defunct.
Mă duce gîndul la rătăcitorii
pirați ce-au putrezit pe fundul mării
ultragiate, mă gîndesc la mine,
la lenta și desăvîrșita-mi moarte.
Nici urnă n-am, nici lespede, nici lacrimi.

All Our Yesterdays

Doresc să știu al cui e-acest trecut
Al meu. Al cui din cîți am fost.
E-al unui genevez ce-a dat de rost
La trudnic hexametru azi pierdut
În timp lustral? Copil sîrguincios
Ce din bibliotecă nu ieșea,
Contururile hărții căuta
Și forme crude: tigru și pardos.
Ori este-al celui care a deschis
O ușă după care se stingea
Un om? Smerit obrazu-i săruta
În palidă lumină, ca-ntr-un vis.
Sînt cei ce nu mai sînt. E în zadar,
După-asfințit, cînd treci peste hotar.

Surghiunitul (1977)

Cineva străbate cărările insulei Ithaca
și nu-și amintește de regele său, care a fost la Troia
cu mulți ani în urmă;
cineva se gîndește la pămînturile moștenite
și la plugul cel nou și la feciorul său
și poate că e fericit.
La capătul lumii, eu, Ulise,
am coborît în Hades
și am văzut umbra tebanului Tiresias,
care a dezlegat iubirea șerpilor,
și umbra lui Hercule,
care ucide umbre de lei
și se află în Olimp.
Cineva străbate astăzi Bolivia și Chile
și s-ar putea să fie fericit sau nu.
Ce n-aș da să fiu în locul lui!

În amintirea Angelicăi

Cum s-au topit atîtea vieți precare
În biata, neștiuta noastră moarte!
Atîtea stinse vieți a căror soarte
De amintire ține ori uitare!
Cu moartea mea, se-ngroapă-n timp oprit.
Prezentul piere cu această floare.
Se stinge un dor în ape schimbătoare.
De astre viitoru-i pustiit.
Asemeni ei, mă sting de infinite
Destine nesortite de noroc.
Iar umbra-mi cată-n mit tocit soroc
Al îndrăgitei patrii răscolite.
Sub lespezi amintirea-i viu tresare.
Povestea-i crește-n urmă-ngrozitoare.

Cărţile mele

Cărțile mele (care nu știu că eu exist)
Fac parte din mine la fel ca acest chip
Cu tîmple și ochi cenușii
Pe care în zadar îl caut în oglinzi
Și-l pipăi cu mîna făcută căuș.
Nu fără-ndreptățită amărăciune
Mă gîndesc că toate cuvintele esențiale
Care mă exprimă se află în aceste zile
Care nu știu cine sînt eu, nu în cele pe care le-am scris.
E mai bine așa. Cuvintele morților
Mă vor exprima pentru totdeauna.

Talismane

Un exemplar al primei ediții din *Edda Islandorum* de Snorri, tipărită în Danemarca.
Cele cinci tomuri ale operei lui Schopenhauer.
Cele două tomuri ale *Odiseelor* lui Chapman.
O spadă care a susținut lupte în pustiu.
O cupă de ceai *mate* cu picior în formă de șarpe, pe care bunicul meu a adus-o de la Lima.
O prismă de cristal.
Cîteva dagherotipuri șterse.
Un glob terestru de lemn pe care mi l-a dat Cecilia Ingenieros și care a fost al tatălui ei.
Un baston cu mîner încovoiat care a umblat pe cîmpiile Americii, în Columbia și în Texas.
Cîteva tuburi de metal cu diplome.
Toga și toca de la un doctorat.
Volumul *Las Empresas* de Saavedra Fajardo, cu coperte frumos mirositoare.
Amintirea unei dimineți.
Cîteva versuri de Vergiliu și de Frost.
Glasul lui Macedonio Fernández.
Cîțiva prieteni dragi cu care poți sta de vorbă.
Desigur, sînt talismane, dar nu slujesc la nimic împotriva umbrei pe care n-o pot numi, împotriva umbrei pe care nu trebuie s-o numesc.

Martorul

Din visul lui îl vede pe uriașul
din visul în Bretania visat.
De fapte vitejești înflăcărat
mîrțoagei îi dă pinteni, iar uriașul
își mișcă brațele bătut de vînt,
îi rupe lancea, coiful îi turtește,
de pe mîrțoagă-n praf îl prăvălește,
cu-aripele îl culcă la pămînt.
Ceas rău pentru viteazul în armură.
Căzut și-nfrînt îl vede un vecin
ce,-ajuns în Indii (ce ciudat destin!),
nu va cunoaște-ntreaga aventură.
Drept vis, la cellalt capăt de pămînt,
va lua prăpădul morilor de vînt.

Ephialtes

În vis adînc tot vise furiş se cuibăresc.
Vreau noapte după noapte în beznă să m-afund
De ape ce mă spală de ziuă. În strat profund,
De limpezi ape însă necontenit găsesc,
De-uitare-ngăduită în ceas de asfinţit,
Minunea deşănţată. Oglindă răsturnată
Cu chipul meu acelaşi şi altul totodată
Ori poate-ntunecoasa-nchisoare-labirint.
Grădină-i oare? Nu ştiu. Coşmar e-ntotdeauna.
Înfricoşarea-i este din altă lume. Apare
Ceva ce n-are nume, de dincolo de zare,
Din negură de vremuri şi de legende.-Ntruna
Icoana cea pocită în ochi s-a-ntipărit
Şi-mi ponegreşte veghea cum umbra-a ponegrit.
De ce din trup ţîşneşte la ceas de asfinţit,
Cînd sufletu-mi e singur, ăst trandafir smintit?

Orientul

Întîrzie pe fina țesătură
și-o netezește-n mîna lui Vergiliu.
Adusă-i de departe pîn' la Roma
de caravana timpului și-arinei
și dăinui-va într-un vers din *Georgice*.
Nicicînd nu mai văzuse-așa ceva. Era mătasea.
Se stinge un evreu în asfințit
pe cruce cu piroane țintuit
cum poruncit-a pretorul, dar lumea
nu va uita nicicînd sfințita-i jertfă.
Se văd și astăzi crucile pe culme.
O carte mai cunosc cu hexagoane
ce-nseamnă rute șase zeci și patru
cu-ai noștri sorți de veghe și de somn.
Sînt născociri spre-a amăgi zăbava.
Mai știu de rîuri de nisip cu pești de aur.
Peste tărîmu-acela stăpînește
Părintele Ioan, la răsărit de Gange.
Și de haiku ce poate prinde clipa
în cîteva silabe, ori ecoul.
Mai știu de-un duh de fum încătușat
într-un lămpaș de galbenă aramă
și de făgăduieli în umbră-abia șoptite.
Oh, ce comori nemaivăzute
cuprinzi cu mintea!
Și de Caldeea, care cea dintîi

Zărit-a astrele, de nave lusitane
aflat-am, care-au ancorat la Goa.
Parfumul fin de ceai, parfumul de santal.
Și de moscheile din Córdoba și Aksa,
de tigrul cel cu unduiri de chiparoasă.

Iată ce-nseamnă Orientul pentru mine.
E grădina-n care
țin ferecată amintirea ta.

Căprioara albă

Din ce baladă veche a-nfloritei Englitere,
Din ce persană stampă, din ce tărîm pierdut
Al tainicelor clipe închise în trecut
Venit-a căprioara în ceasul de tăcere?
O clipă doar zărit-am cum pajiștea-nfioară
Catifelatu-ți umblet în lină unduire,
Făptură-nfiripată din fum de amintire
Și de uitare, albă, fugară căprioară.
Puterea ce susține suflarea necuprinsă
A lumii-ngăduință mi-a dat să-ntrezăresc
Făptura ta-n sclipirea de viitor surprinsă.
Uimit sînt de-astă clipă cînd pot să te privesc.
Tot vis și eu sînt, iată, sortit curînd să piară,
Asemeni fulgerării de albă căprioară.

The Unending Rose

Pentru Susana Bombal

Cînd veacuri cinci s-au scurs de la Hegiră,
Dat Persiei i-a fost ca să privească,
Din turnuri nalte, cum se năpusteau
Năvălitorii. Attar din Nishapur
Privit-a trandafirul și i-a spus
Cu glas șoptit, în gînd, nu-n rugăciune:
— O sferă imprecisă țin în mînă.
Ne covîrșește timpul pe-amîndoi
Și ne ignoră-n înserarea lină
A tainicei grădini. În aer parcă
Plutești jilav. Parfumul tău suav
Se-nalță spre obrazul meu zbîrcit,
Dar eu te simt îndepărtat, ca pruncul
Ce te-a întrezărit în vis fugar
Ori în grădină-n ceasul dimineții.
Pot fi-ale tale și-auriul lunii
Și strălucirea soarelui și-aprinsa
În toiul luptei spadă-a biruinței.
Sînt orb și nu mai știu nimic acum,
Însă prevăd că drumurile-s multe.
E fiecare lucru o mulțime
De alte lucruri. Tu tărie ești,

Și muzică, palate, rîuri, îngeri.
Ești trandafir profund, nemărginit
Și cald, pe care Domnul arăta-va-l
Privirii mele moarte.

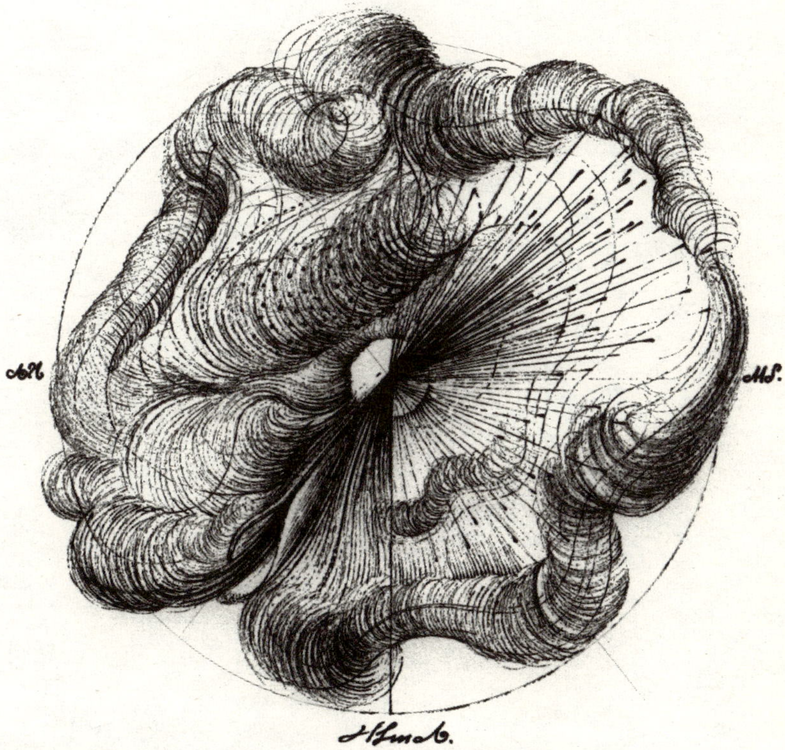

Moneda de fier

(1976)

Prolog

După ce a împlinit cei șaptezeci de ani pe care-i recomandă Sfînta Scriptură, un scriitor, oricît ar fi de stîngaci, știe anumite lucruri. Înainte de toate, își cunoaște limitele. Știe cu oarecare șansă de a nu se înșela ce poate să încerce și – lucru neîndoielnic mai important – ce îi este interzis. Această constatare, poate melancolică, se aplică atît generațiilor, cît și indivizilor. Cred că vremea noastră e incapabilă să producă ode pindarice ori laborioase romane istorice ori dispute în versuri; cred, probabil cu o naivitate similară, că n-am epuizat explorarea posibilităților nelimitate ale proteicului sonet ori ale strofelor libere de tip Whitman. Cred, de asemenea, că estetica abstractă e o vanitoasă iluzie ori un plăcut subiect de discuție pentru lungile seri de cenaclu ori un izvor de stimulente și de piedici. Dacă ar fi una singură, atunci și arta ar fi una singură. Cu siguranță, însă, nu este; ne bucurăm deopotrivă de Hugo și de Vergiliu, de Robert Browning și de Swinburne, de scandinavi și de persani. Muzica de fier a saxonului nu ne place mai puțin decît delicatețea leneșă a simbolismului. Fiecare subiect, oricît de ocazional sau simplu ar fi, ne impune o estetică particulară. Fiecare cuvînt, chiar dacă are o încărcătură de veacuri, începe o pagină albă și implică viitorul.

În ce mă privește... Știu că această carte pestriță pe care hazardul mi-a îngăduit-o în cursul anului 1976, în pustiul universitar din East Lansing și în țara mea în care m-am întors după aceea, nu este probabil nici mai valoroasă, nici mai puțin valoroasă decît volumele mele anterioare. Această prorocire moderată, pe care o putem admite lesne, îmi conferă un soi de impunitate. Îmi pot permite cîteva capricii, de vreme ce nu mă veți judeca după text, ci după imaginea nedefinită dar suficient de precisă care există despre mine. Pot să transcriu cuvintele vagi pe care le-am auzit într-un vis și să le intitulez „Ein Traum". Pot să rescriu și probabil să stric un sonet despre Spinoza. Pot să încerc, schimbînd accentul prozodic, să dau mai multă suplețe endecasilabului spaniol. Pot, în sfîrșit, să mă consacru cultului strămoșilor și unui alt cult ce-mi luminează asfințitul vieții: germanistica Angliei și a Islandei.

Nu degeaba m-am născut în 1899. Deprinderile mele se întorc la veacul acela și la cel anterior și am încercat să nu uit depărtatele și estompatele mele umanioare. Prologul îngăduie confidența; am fost șovăielnic în conversație, dar m-am dovedit a fi un bun auditor. Nu voi uita dialogurile pe care le-au purtat tatăl meu, Macedonio Fernández, Alfonso Reyes și Rafael Cansinos-Asséns. Știu că sînt complet nepriceput să mă pronunț în chestiuni de politică, dar poate mi se va ierta un mic adaos, și anume faptul că nu cred în democrație, acest ciudat abuz al statisticii.

J.L.B.

Buenos Aires, 27 iulie 1976

Elegia amintirii imposibile

Oh, ce n-aş da pe amintirea străzii
nepietruite, cu zidul de chirpici
şi-un falnic călăreţ ce umple zorii
cu poncho lung şi ponosit
venit din pampă.
Oh, ce n-aş da pe amintirea mamei
în faptul zilei la conacul Santa Irene,
cînd nu ştia c-are s-o cheme Borges.
Oh, ce n-aş da pe amintirea luptei
de la Cepeda, unde Estanislao del Campo
a salutat rîzînd cel dintîi glonţ
cu bucuria vitejiei.
Oh, ce n-aş da pe amintirea uşii care dă
spre tainicul tărîm în care tata
se cufunda în fiecare seară
mai înainte de-a se pierde-n vis.
Ultima oară a făcut-o-n paişpe
pe paisprezece februarie 1938.
Oh, ce n-aş da pe amintirea navelor
lui Hengist desprinzîndu-se de ţărmul
cel nisipos al Danemarcei, spre-a supune
o insulă ce-avea să se numească Englitera.
Oh, ce n-aş da pe amintirea unei
(pierdută azi, dar altădată vie)
scăldate-n aur pînze a lui Turner,
la fel ca muzica necuprinsă.

Oh, ce n-aş da pe amintirea serii
cînd, înainte de a bea cucuta, liniştit,
l-aş fi auzit chiar pe Socrate
examinînd problema nemuririi,
ba apelînd la mit, ba la raţiune,
pe cînd, treptat, albastra moarte rece,
suind din tălpi, îi cuprindea tot trupul.
Oh, ce n-aş da pe amintirea clipei
în care mi-ai fi spus că mă iubeşti,
iar eu n-aş fi dormit pînă în zori
cutremurat de fericire.

Coşmarul

C-un rege din vechime vis spăimos.
De fier îi e coroana. Ochiul crunt.
Astfel de chipuri astăzi nu mai sînt.
L-ascultă spada, cîine credincios.
E din Northumbria? Norveg e oare?
Pe pieptu-i larg, roşcata, deasa barbă.
E nalt și mut. Privirea lui e oarbă.
Mă înfioară sumbra lui răcoare.
Din ce oglindă stinsă, din ce navă
A mărilor ce-au fost a lui ispravă
De arme s-a ivit hirsut bărbat,
Ce mă cufundă-n ev întunecat?
Sînt visul lui. Sînt aspru judecat.
Se crapă-acum de ziuă. N-a plecat.

Vecernie

Nenumărate fire de nisip,
Neobosite rîuri, delicata
Zăpadă, ca o umbră, și înceata
Cădere a serii și seninul chip
Al țărmului înalt bătut de soare,
Cărările de zimbri străbătute,
Sărutul, asfințiturile mute,
Recoltele și-a culmii-nnegurare.
Roci neclintite, mute minerale,
Și Orinoco, jocul de noroc,
Urzit de apă, aer, tină, foc,
Și turme de-mblînzite animale
Vor face să te smulgi din mîna mea,
Și dimineața, ziua, noaptea grea...

O cheie în East Lansing

Pentru Judith Machado

O piesă sînt de șlefuit oțel.
Zimțatu-mi cant nu e întîmplător.
Zac în sertar, ascunsă-n dormitor,
Legată în portchei, în portofel.
De mult m-așteaptă undeva o broască.
Doar una. Poarta grea-i de fier forjat,
Cu geamuri groase și-ndoit canat,
Iar dincolo e casa părintească.
Pîndesc din umbră-oglinzile pustii
Privind cum cei defuncți zîmbesc în poze
Fin înrămate cu chenar de roze
Și-urmașii se perindă zi de zi.
Nerăbdător sînt broasca s-o deschid.
Masiva poartă o voi da de zid.

Elegia patriei

Cu fier, și nu cu aur ai pornit,
Un port și un deșert te-au făurit,
Din spade încleștate te-ai ivit.
Din smîrc și din coclauri încropit.
Apoi războiul de eliberare
De-a Spaniei robie, vitejia.
Brazilia pe urmă, tirania,
Istoria smintită.-N sărbătoare
De-atunci o ținem, cu aniversări,
Chermeze cu fanfare militare,
Cununi de lauri, salve și urări
La centenare și bicentenare.
Cenușă-s azi discursuri, perorații,
Înflăcărate vorbe și ovații.

Hilario Ascasubi (1807-1875)

Cîndva a fost o fericire care
Azi s-a pierdut. Bărbatul accepta
Iubirea și războiul, și lupta
Cu-aceeași bucurie și-ncordare.
Mișei sentimentali, cu viclenie,
Mulțimii nu-i luau numele-n deșert.
În zorii-aceia, care-acum se pierd,
Trăit-a Ascasubi cu mîndrie
De luptător și bard care-a cîntat
Pe ne-nfricații gauchos, mărturie
A dragostei de țară. Pe vecie
I-a nemurit. Și multe a-ncercat:
Căutător de aur, corifeu.
Pe rîul timpului a fost Proteu.

Mexic

Atîtea lucruri, iată, la fel sînt! Nesfîrșita
Cîmpie, călărețul, mahonu,-argintăria,
Balsamul fin ce umple odaia, panoplia,
Și spaniola, această latină cam stîlcită.
Atîtea lucruri, iată, altfel sînt! Povestiri
Cumplite, cu ciudate, defuncte zeități,
Nopali ce pot oroarea stîrni-n pustietăți
Și-n revărsat de ziuă a umbrelor iubiri.
Atîtea lucruri, iată, eterne-s! Lente zile,
Veranda-n care luna, ușoară, zăbovește,
Dar nimeni nu o vede, talazul ce izbește
În mal, și violeta uitată între file.
Bărbatul care zace pe pat de suferință,
Voind să simtă clipa cînd trece-n neființă.

Perú

Din maldărul de lucruri din lumea nesfîrşită
Doar cîteva cuprindem. Hazardul şi uitarea
Ne jefuiesc, iar mie, copil, doar întîmplarea
Mi-ajunse la ureche, de Prescott povestită.
Ce-i drept, Perú înseamnă şi-un lighenaş de-argint,
Prins la oblîncul şeii de-un cavaler vestit,
Şi ceaşca argintată c-un şarpe-ncolăcit,
Şi lăncile-ncleştate în bătălie. Prind
În astă-nşiruire şi plaja-n asfinţit,
În ceas de taină curtea, obloane ferecate,
Volumul lui Eguren cu versuri delicate,
Relicve vaste-n stîncă de munte povîrnit.
Trăiesc, o biată umbră-s, de Umbră-ameninţată.
Ca mîine mor, şi casa n-am cunoscut-o toată.

Lui Manuel Mujica Láinez

Isaac Luria declară că veşnica Scriptură
Atîtea înţelesuri cîţi cititori sînt are.
Adevărate-s toate versiunile. Cel care
Le-a inspirat e lector, şi carte, şi lectură.
Versiunea ta, o ţară ce-n fast şi strălucire
Petrece,-n umbra-mi pală pătrunde luminos
Iar oda mea îşi rîde de Oda ta. (Duios,
Din lame de cuţite-ncropesc o amintire
Cu ţanţoşi fanţi şi vajnici.) Se înfioară Cîntul
În care, anevoie, din temniţă de vers,
Mulţimea se iveşte în primenit divers
Regat ce stăpîni-vei, cu jalea lui şi-avîntul.
Manuel Mujica Láinez, cîndva noi am avut
O patrie – ţii minte? –, tărîm pe veci pierdut.

Conchistadorul

Cabrera, Carbajal mi-au fost doar nume.
Pocalul pîn' la fund eu l-am sorbit.
Și am murit și iarăși am trăit.
Sînt arhetipul. Ei – fugară lume.
Al Crucii și al Spaniei am fost
Rătăcitor oștean. Pe neumblate
Pămînturi de păgîni nenumărate
Războaie-aprins-am. Mi-am găsit un rost.
Nici Regele, nici Hrist, nici bogății
N-au fost imbold de-avînt neînfricat,
Cînd pe necredincioși i-am subjugat
Cu spada-mi grea. Tu calea le-o ații,
Tăiș de-oțel, în mînă de viteaz.
Iar restul nu contează. Fost-am treaz.

Herman Melville

Mereu încercuit a fost de marea
Străbunilor saxoni, care-au numit-o
Ruta balenei, denumire-n care
Se-adună două necuprinse lucruri:
Adînca brazdă, monstrul ce-o brăzdează.
A lui a fost mereu întinsa mare.
Cînd a văzut în larg uriașe valuri,
A înțeles că-n vis le jinduise,-n
Cealaltă mare, a Literaturii,
În universul plin de arhetipuri.
S-a avîntat pe mările planetei,
Ca un bărbat, în carturi prelungite.
A cunoscut harponul înroșit
În trupul Leviathanului, nisipul
Și-aroma nopților și zorii zilei,
Și zarea-n care soarta stă la pîndă,
Și fericirea de a fi viteaz,
Și bucuria de-a zări Ithaca.
Biruitor al mării, pe uscatul
Ce-i temelie-a muntelui pășit-a.
Busola adormită vag indică
O rută sinuoasă, imprecisă.
În umbra moștenită a grădinii
Străbate drumurile din New England,
Dar el pe mare este. E oprobriul

Acelui căpitan de pe *Pequod*,
Nedescifrata mare și furtuna
Și vrăjmășia cu balena albă.
E marea carte. E azur Proteu.

Uimiri

În răsăritul zilei minuni se-nfăptuiesc
în stare să răstoarne-ndărătnica ursită.
De pas de om nesigur e luna iscodită,
lungi ani și leghe vise urîte răscolesc.
Întunecate gînduri în suflet se strecoară
și tulbură lumina. Nu-i lucru-n lume care
să nu se schimbe-n altul, cu rost ori la-ntîmplare.
Pe mine doar uimirile simple mă-nfioară.
Să pot deschide ușa cu cheia sînt uimit,
ori mîna mea aievea că este negreșit.
Ori că-i neputincioasă a grecului săgeată,
deși fulgerătoare, să-atingă ținta-ndată.
Că spada nemiloasă atît de mîndră este,
că-aceeași e mireasma ce floarea răspîndește.

Luna

Pentru María Kodama

Singurătate-n bulgăre de aur!
Pe cerul nopții luna nu e luna
Privită lung de cel dintîi Adam.
Veac după veac de veghe omenească
Cu plînset vechi o copleșesc avan.
La ea te uită. E oglinda ta.

Lui Johannes Brahms

Intrus în straturi sînt de mîndre flori
ce-n necuprinse zări ai risipit
de viitor. Să nalț am năzuit
spre-azur cîntarea dulce de viori.
Azi mă lipsesc, căci pentru-a te cinsti
nu-i de ajuns deșarta osteneală
numită îndeobște cu pripeală
și îngîmfare arta de-a slăvi.
Spre-a te cinsti nevoie-i de lumină
și de curaj. Sînt laș. Sînt trist. Nimic
nu-ndreptățește cutezanța-mi. Mic
sînt bucuria spre-a cînta senină –
cleștar și flacără – de-ndrăgostit.
Canonul meu: să-ncerc necontenit
să potrivesc cuvinte iscusite
din sonuri și concepte-alcătuite.
Tu nu ești vaier, simbol ori oglindă;
ești rîu ce poate lumea s-o cuprindă.

Tatălui meu

Să mori în întregime ai vrut, să treci
Cu trup, dar și cu suflet sfînt, curat,
În umbra cealaltă împăcat,
Nu-n geamăt laș durerea să-ți îneci.
Și ai murit cu inima ușoară
Cu care tatăl tău a înfruntat
Vrăjmașii plumbi. Ursita ți-a curmat
Al vieții fir încet, să nu te doară.
Și te-am văzut cum mori zîmbind blajin.
Orb, dincolo să vezi nu te-așteptai
Nimic. Dar umbra ta zărit-a poate
Vii arhetipuri ce-s imaginate
De Platon grecul. (Mi le-nfățișai.)
Sub lespede se-ascunde ce destin?

Remuşcarea

Am săvîrşit păcatul cel mai greu
Din viaţa unui om. Căci fericit
N-am fost. Uitarea mi-e sortit
Să-mi troienească lespedea mereu.
Părinţii-ncrezători m-au zămislit
Pentru riscantul şi frumosul joc
Al vieţii. Pentru aer, apă, foc,
Pămînt. Mîhniţi sînt: n-am fost fericit.
Dorinţa neîmplinită-i. Mintea mea
Canon simetric şi-a impus de artă
Ce ţese fleacuri. Vai, le-a fost deşartă
Credinţa că-n tărie-i voi urma.
Nu mă slăbeşte.-S veşnic însoţit
De-un gînd ascuns: c-am fost nefericit.

Einar Tambarskelver

Heimskringla, I, 117

Odin, Thor roşcovan, Hristosul Alb...
N-au importanţă numele şi zeii,
o datorie ai: să fii viteaz.
Einar a fost, dur căpitan de oşti.
El cel dintîi arcaş norveg era
şi ne-ntrecut în mînuirea spadei
albastre şi a navei. Peste vremi
o vorbă s-a păstrat în florilegii
pe care-a spus-o el în toiul luptei
pe mare. Bătălia e pierdută.
Tribordu-i sfărîmat la abordaj,
un săgetar vrăjmaş îi rupe arcul.
Atuncea regele-l întreabă ce s-a rupt
cu pocnet surd, iar Einar Tambarskelver
rosteşte: Rege, ţara-n mîna ta.
Povestea, peste veacuri, în Islanda
ni s-a păstrat. Eu o transcriu acum,
departe de-acel ţărm şi-acea tărie.

Revărsatul zorilor în Islanda

Acesta e revărsatul zorilor.
E mai vechi decît mitologiile și decît Hristosul Alb.
Va zămisli lupii și șarpele
care este și marea.
Timpul nu îl atinge.
A zămislit lupii și șarpele
care este și marea.
A văzut plecînd corabia pe care o vor face
din unghiile morților.
Este cleștar de umbră în care se privește
Atotputernicul, ce n-are chip.
Mai greu e decît mările
și decît cerul mai înalt.
E un mare zid suspendat.
Este revărsatul zorilor în Islanda.

Olahus Magnus (1490-1558)

E cartea lui Olahus teologul,
Cel care nu s-a lepădat de Roma
Cînd Luther s-a desprins în Miazănoapte
Şi Wyclif şi Jan Hus. Din răsărit
Venit-a în Italia să-şi afle
La greaua-i apăsare mîngîierea
Şi-atunci povestea neamului a scris-o
Din ţara lui, purtîndu-l în legendă.
O dată doar ţinut-o-am în mînă.
Hainul timp să şteargă amintirea
Ferecăturii n-a putut şi simt
Atingerea acelor file, pipăi
Cerneala literei pe pergament
Şi-aleasa lui latină o presimt.
O, bănuită carte necitită!
Frumoasă soartă ai: înveşnicită
Prin scufundarea-n rîul neoprit,
Ce scaldă lumea, al lui Heraclit.

Ecourile

Cu trupul ultragiat de reçea spadă-a
Lui Hamlet, moare-un rege-n Danemarca,
În nalt palat de piatră, ce domină
De crunți pirați cutreierata mare.
Uitarea și-amintirea țes povestea
Defunctului monarh și-a umbrei sale.
Grammaticus a adunat cenușa
În *Gesta* sa. Și iată, după veacuri,
Cum moare iarăși riga-n Danemarca
Și moare totodată, ca prin farmec,
Pe scenă, la periferia Londrei.
Avut-a visu-acesta William Shakespeare.
Eternă ca ritualu-mbrățișării
Și roșul trandafir al aurorei
Și ale lunii forțe schimbătoare
E moartea rigăi. Vis trăit de Shakespeare,
Pe care-l vor trăi întruna alții,
Și e de-atunci un obicei al vremii
Și-un rit pe care-l săvîrșesc în ceasul
Predestinat figurile eterne.

Baruch Spinoza

De aur ceață, apusul luminează
Fereastra largă. Manuscris muncit
Așteaptă, încărcat de infinit.
Pe Domnul, în penumbră, îl creează.
Un om pe Dumnezeu îl zămislește.
Bărbat cu ochii triști, un smead evreu.
Îl poartă timpul, rîu purtînd mereu
În reci vîltori o frunză. Nu-l oprește
Ăst gînd, ci stăruie și-l cizelează
Pe Domnul migălos, cu sîrguință.
Din slăbiciunea lui, din neputință,
Se nevoiește prin cuvînt să-l vază.
I-a fost iubirea naltă hărăzită,
Ce nu așteaptă-a fi împărtășită.

Pentru o versiune a cărţii / *King*

E viitorul, vezi, irevocabil,
Ca şi trecutul. Lumea e o plasă
Cu ochiuri mii de buche silențioasă
A unui veşnic scris indescifrabil
Din cartea vremii. Tu cîndva ai vrut
Din casa ei să fugi, dar nu te-ai dus.
Nimic din preajmă-adio nu ţi-a spus.
E viața drum zărit şi străbătut.
Tu nu te da bătut. E beznă-n ocnă.
Urzeala e de fier şi nepătrunsă.
Dar, în ungher de închisoare,-ascunsă,
Spărtura-ți dă curaj. Te scoală. Bocnă
Nu eşti, iar drumul – arc ce săgetează.
În crăpătură Dumnezeu veghează.

Ein Traum

Toţi trei ştiau.
Ea era iubita lui Kafka.
Kafka o visase.
Toţi trei ştiau.
El era prietenul lui Kafka.
Kafka îl visase.
Toţi trei ştiau.
Femeia i-a spus prietenului:
Vreau ca noaptea asta să mă iubeşti.
Toţi trei ştiau.
Bărbatul i-a răspuns: Dacă păcătuim,
Kafka va înceta să ne viseze.
A aflat.
Nu mai era nimeni pe lume.
Kafka şi-a spus:
Acum, după ce au plecat amîndoi, am rămas singur.
Voi înceta să mă visez.

Heraclit

Prin Efes merge-agale Heraclit
Spre înserat. Îl lasă înserarea,
Iar el se lasă-n voia înserării,
La mal tăcut de apă curgătoare;
Nici numele, nici cursul nu i le știe.
Cioplit în piatră, Ianus. Șir de plopi.
Se uită în oglinda mișcătoare
Și află-n ea și cizelează gîndul
Pe care nenumărate rînduri de oameni
L-or repeta. Iar glasul său rostește:
A doua oară nimeni să se scalde-n
Același rîu nu poate. Înțelege,
Cuprins de-nfiorarea spaimei sacre,
Că e și el un rîu și-o alergare.
Să se întoarne-ar vrea în zorii zilei
Și-n noaptea dinainte și-n ajun.
Nu poate. Spune iar sentința. O vede,
Cu caractere clare tipărită,
Pe-o pagină din Burnet. Heraclit
Nu știe limba greacă. Zeul Ianus,
Ce porțile păzește, e latin.
Nu are Heraclit *trecut* și-*acum*.
E-un simplu gînd pe care l-a visat
Un om pe malul rîului Red Cedar,

Un om ce țese endecasilabi
Ca dorul de cei dragi din Buenos Aires
Să îl alunge. Unul doar lipsește.

East Lansing, 1976

Clepsidra

De miere-i, nu de apă, cea din urmă-a
clepsidrei picătură. Strălucind
o vom vedea și dispărînd în beznă.
Ea va cuprinde însă bucuria
de Domnul hărăzită lui Adam:
duhul iubirii față de aproape,
puterea de-a-nțelege universul;
deși amăgitoare, clipa-n care
Vergiliu nimerit-a hexametrul,
și în tărie delicata nea,
atingerea înfiorată-a cărții
rîvnite de pe raftul înțesat,
în bătălie lama rece-a spadei,
desțelenita mare-a Engliterei,
și mîngîierea de a asculta
acordul așteptat, și amintirea
odinioară vie, azi pierdută,
și clipa-n care visul ne destramă.

Nu ești ceilalți

Scăpare n-ai în ce-au lăsat în scris
Acei pe care spaima ta-i imploră.
Nu ești ceilalți. Te vezi în astă oră
În centrul gol de labirint închis
De pașii tăi. Nici fi-vei izbăvit
De chinul lui Socrate, de Iisus
Ori de Siddhartha ce-a murit răpus
Într-o grădină, către asfințit.
Tot pulbere e și cuvîntul scris
De mîna ta, și vorba îngînată
De gura ta. E crudă-a ta ursită.
Iar noaptea Domnului e nesfîrșită.
Tu plămădit ai fost din timp. Ești vis.
Ești fiecare clipă-nsingurată.

Moneda de fier

Aceasta e moneda de fier. O iau în mînă
Și-uitîndu-mă cu teamă la cele două fețe,
Răspuns îi cer la vechea, nedezlegata taină:
De ce bărbatul are nevoie de iubirea
Unei femei? Ridică-ți privirea. Se boltește
Deasupra cer cvadruplu ce sprijină potopul,
Puzderia de stele, planete mișcătoare.
Adam, părinte tînăr, și-un tînăr Paradis.
A Domnului lumină pogoară-n fiecare
Făptură.-N labirintul acesta ți-e curată
Răsfrîngerea. Cu banul de fier să dăm din nou.
Căci este-o fermecată oglindă.-Al lui revers
E nimeni, și nimic e, și umbră, și orbire.
Ești tu. Cu două fețe de fier. Același este
Ecoul. Mîna, limba, sînt martori infideli.
Iar necuprinsul centru-al monedei este Domnul.
Nici laudă n-aduce, dar nici osîndă. Uită.
Atins de mișelie, de ce nu te-ar iubi?
În umbra ei tu cauți sărmana, vana umbră
A ta. Și în cleștarul străin e chipul tău.

Povestea nopţii

(1977)

Inscripţie

Pentru mările albastre ale atlaselor și pentru marile mări ale lumii. Pentru Tamisa, pentru Ron și pentru Arno. Pentru rădăcinile unui limbaj de fier. Pentru un rug deasupra unui promontoriu al Mării Baltice, helmum behongen. *Pentru norvegienii ce despică apele limpezi ale rîului, cu scuturile ridicate. Pentru o corabie din Norvegia, pe care ochii mei n-au văzut-o. Pentru o veche piatră din Althing. Pentru o ciudată insulă a lebedelor. Pentru o pisică din Manhattan. Pentru Kim și pentru lama lui ce se cațără pe piciorul muntelui. Pentru păcatul de trufie al samuraiului. Pentru Paradisul zugrăvit pe un zid. Pentru acordul pe care nu l-am auzit, pentru versurile care nu ne-au găsit (numărul lor este numărul firelor de nisip), pentru neexploratul univers. Pentru amintirea Leonorei Acevedo. Pentru Veneția de cleștar și asfințit.*

Pentru cea care vei fi dumneata; pentru cea pe care poate n-o voi înțelege.

Pentru toate aceste lucruri diferite, care sînt, pesemne, așa cum presimțea Spinoza, simple închipuiri și fațete ale unui singur lucru infinit, îți dedic dumitale, María Kodama, această carte.

J.L.B.

Buenos Aires, 23 august 1977

Alexandria, 641 A.D.

De cînd văzut-a noaptea-ntîi-Adam
Și ziua și alcătuirea palmei,
De-atunci vorbit-a omul și-a-nsemnat
În piatră sau metal sau pergament
Tot ce cuprinde lumea ori visează.
Aici e munca lui: Biblioteca.
Se spune că volumele din rafturi
Au depășit puzderia de astre
Ori firele de-arină din pustiu.
De-ar încerca vreun om să le citească
Și-ar pierde mintea și-ochii temerari.
Se află-aici tot ce a strîns de veacuri
Memoria, vitejii și-a lor spade,
Laconice simboluri de algebră,
Cunoașterea planetelor ce-nseamnă
Cu-a lor pecete soarta omenească.
Virtutea ierburilor tămăduitoare
Și-a fildeșului pentru talismane,
Și versu-n care stăruie iubirea,
Știința ce dezleagă solitarul,
Divinul labirint, teologia,
Și alchimia care scormonește
În tină aur căutînd și-eresul
Păgînului. Socot necredincioșii
Că, dac-ar arde,-n flăcări ar pieri
Istoria. Se-nșală. Zămislit-au

Cu luare-aminte infinite cărți.
De s-ar distruge, le-ar alcătui
Din nou filă cu filă, rînd cu rînd.
Iubirile și muncile lui Hercul,
Și-nvățătura-oricărui manuscris.
În primul veac de la Hegiră,
Eu, care i-am supus pe perși, Omar,
Și-ntind credința peste tot pămîntul,
Soldaților le poruncesc să ardă
Biblioteca-aceasta necuprinsă
Ce n-are moarte. Fie lăudați
Allah care veghează și Profetul.

Metafore din *O mie şi una de nopţi*

Metafora dintîi chiar rîul este.
Întinse ape ori cleștarul viu
Ce-nchide îndrăgitele minuni
Ale Islamului, ce-s și-ale tale
Și ale mele. E un talisman
Atotputernic, dar și rob supus.
Cu duhul ferecat în mica lampă
Prin meșteșuguri de vrăjitorie,
Cu-acel Calif ce-și osîndește soața
De-o noapte singuratică și mîna
Spălată cu cenușă, cu hoinarul
Sindbad, acest Ulise fără-astîmpăr,
Necontenit mînat de aventură,
Cu Aladin și lampa fermecată.
Simbolurile ce-i anunță rigăi
Rodrigo că arabii-or cuceri
Regatul vizigot. Maimuța care
Se-arată om a fi, la joc de șah.
Și regele lepros, și caravane.
Și muntele magnetic ce scufundă
Corabia, șeicul și gazela.
O lume schimbătoare precum norii,
Supusă hotărîrii de Hazard
Ori Soartă implacabilă, totuna-i.

Și cerșetorul care-i poate-un înger,
Și peștera care Sesam se cheamă.
Metafora a doua e urzeala
Unui covor, ce ne înfățișează-un
Snop de culori și linii fără noimă,
Zvîrlite la-ntîmplare, un vîrtej,
Dar într-ascuns e guvernat de-un rost.
Asemeni altui vis, ce-i Universul,
Această carte-a Nopților făcută-i
Din cifre tutelare și iscusințe:
Cei șapte frați și cele șapte babe,
Cei trei cadii și cele trei dorințe
Pe care și le-a pus cel ce avut-a
Norocul de-a vedea chiar Noaptea Nopților.
Șuvițele de negru păr în care
Trei nopți într-una vede-ndrăgostitul,
Cei trei viziri și cele trei pedepse,
Iar peste ele cifra cea dintîi
Și cea din urmă dintre toate: Unu.
Metafora a treia e un vis
Visat de agareni, dar și de perși,
La poarta-nvăluitului Orient,
Ori în grădina care-i astăzi praf,
Și ce va fi visat mereu de oameni
Pîn' la-mplinirea vremilor în veac.
Precum în paradoxul eleat,
Se-mprăștie tot visul în alt vis
Și-acesta-n altul și-altul, împletind
Netrebnic un netrebnic labirint.
În carte este Cartea. Făr'a ști,
Regina-i spune regelui povestea,
Acum uitată, chiar a lor. Mișcați

De zarva farmecelor, nu mai știu
Ei cine sînt. Și își visează visul.
Metafora a patra e o hartă-a
Unui tărîm nedefinit, ce-i Timpul.
Cîți coți măsoară mișcătoarea umbră,
Și-a marmurei tocire ne-ncetată,
Și lunga trecere de generații.
Aici e totul. Glasul și ecoul,
Ce văd opuse fețe-ale lui Ianus.
De-argint și roșu aur universuri
Și veghea necurmată de reci astre.
Arabii spun că nimenea nu poate
Citi pîn' la sfîrșit această carte,
Căci Nopțile sînt Timpul ce nu doarme.
Citește-ntruna cît e încă ziuă.
Șeherezada-și deapănă povestea.

Cutie cu muzică

Muzică japoneză. Din clepsidră
Picură-ncet bobițele de miere
Și aur invizibil, ce cu timpul
Reiau povestea bine cunoscută,
Fragilă și eternă, misterioasă.
Mă tem că-i cea din urmă picătură
Ce cade. Sînt trecutul ce se-ntoarce.
Din care templu, ori din ce grădină
Înmiresmată de pe-un plai de munte?
Din ce priveghi pe-un țărm necunoscut,
Din ce pudoare a melancoliei,
Din ce pierdută seară regăsită
Ajung la mine, cu al lor întreg
Și tainic viitor? Nu știu. Dar astă
Cîntare eu sînt. Vreau să fiu. Și cînt.

Lei

Nici strălucirea tigrului n-o are,
Cu umblet cadențat, nici de jaguar
Vărgate semne, nici silențios
Pas de pisică. Mai puțin felin,
El totuși a stîrnit închipuirea
Și visul omului. Sînt lei în aur,
Dar și în vers. Apar în evanghelii
Și în palate arabe. La Hugo
Se plimbă leii ca la ei acasă.
Pe poarta din Micene îi găsești
Și la Cartagina, crucificați.
La Dürer leul e înfățișat
În luptă cu Samson, care-l ucide.
E jumătatea tainicului Sfinx
Și jumătatea de grifon ce-n peșteri
Adînci păzește-a umbrelor comoară.
E un simbol în opera lui Shakespeare.
Sculptat a fost în stîncile de munte
Și zugrăvit de oameni pe drapele
Și rege desemnat peste-animale.
Cu ochii lui de umbră-l vede Milton
Ieșind din lut în cea de-a cincea zi,
Cu labele din față dezlegate
Și capul mîndru-mpodobit cu coamă.

Pe roata din Caldeea strălucește
Și nelipsit e în mitologii.

Un animal ce seamănă c-un cîine
Și-nghite prada-adusă de femelă.

Endymion în Latmos

Dormeam pe culme și era frumos
Pe-atuncea trupul meu, azi veștejit.
În noaptea greacă, falnicul centaur
Își domolea galopul spre-a-mi veghea
Somn răsfățat, căci îmi plăcea să dorm
Ca să visez și ca să pot cinsti
Alt vis, lustral, ce spală amintirea
Și de povara de a fi acela
Ce sîntem pe pămînt ne izbăvește.
Zeița Diana, care este luna,
Cum dorm pe culme mă privea-ndelung
Și lin descins-a-n brațele-mi deschise,
Dor aurit în dogorita noapte.
Pleoapele-mi strîngeam de muritor,
Spre-a nu vedea frumoasa ei icoană
Ce gura-mi de țărînă-o pîngărea.
Mireasma lunii mi-a pătruns în nări,
Iar în auz glas îngeresc rostind
Știutu-mi nume. Buzele se-aprind.
O, rîuri de iubire și de noapte!
O, sărutări și arcuri cu săgeți!
Nu știu cît a ținut acest răgaz
De fericire. Sînt pe lume lucruri
Pe care nu le poate măsura
Nici rădăcina, nici sfioasa floare
Și nici zăpada moale. Ocolit

De lume-s. Omul îndrăgit de lună
Trezește teamă. Așa trecut-au anii.
Neliniștea se cuibărește-n suflet.
Mă-ntreb: pe culme freamătul de aur
A fost aievea, ori nălucă-a fost?
Degeaba-mi spun că amintirea zilei
De ieri ori visu-același lucru sînt.
Singurătatea-mi drumurile bate
De mult croite,-ntotdeauna însă
În vechea noapte de esențe o caut
Pe a lui Zeus fiică, recea lună.

Și nu-s măcar țărînă

Nu vreau să fiu ce sînt. Avara soartă
În ăst netrebnic veac m-a azvîrlit
Cu praful și plictisul din Castilia.
Mereu aceleași lucruri: dimineața,
Făgăduind pe azi, ni-l dă pe mîine,
Taifasul cu bărbierul și cu popa,
Singurătatea ce-o sporește timpul
Și-o umbră de nepoată analfabetă.
Sînt om în vîrstă. O pagină uitată
Făcutu-m-a s-aud nepieritoare
Voci ce mă strigă: Urganda și Amadís.
Moșia mi-am vîndut și luat-am cartea
Ce povestește tainice isprăvi:
Graalul, care sîngele-a păstrat,
Spre mîntuirea noastră, de la Fiul,
Și idolul lui Mahomed, de aur,
Și spade, minarete și drapele
Și meșteșuguri de vrăjitorie.
Cutreierau creștinii cavaleri
Regeștile ținuturi, răzbunînd
Preaîntinata cinste și făcînd
Dreptate cu tăria spadei lor.
O, deie Domnul un viteaz să vină
Spre-a reînvia acum înalta slujbă!
O-ntrezăresc în visuri. Am simțit-o
Doar uneori în trupu-mi ostenit.

Dar numele nu-i știu. Voi fi viteazul
Chiar eu, Quijano. Visul meu voi fi.
În astă casă veche e un scut
Din alte vremi și-o spadă de Toledo
Și-o lance și însuflețite cărți,
Făgăduind a brațului izbîndă.
E brațul meu? Dar chipul (nevăzut)
Nu îmi întoarce chipul în oglindă.
Și nu-s măcar țărînă. Sînt un vis,
Pe care-n vis îl țese și în veghe
Părintele și fratele Cervantes,
Ce s-a bătut cu turcii la Lepanto
Și pricepea latina și araba...
Pentru ca eu să-l pot visa pe cellalt,
A cărui amintire face parte
Din viața tuturor, te rog fierbinte:
Visează-mă, o, Doamne, ne-ncetat.

Gunnar Thorgilsson (1816-1879)

Memoria timpului
e plină de spade și de nave
și de pulberea imperiilor
și de rumoarea hexametrilor
și de puternici cai de război
și de strigăte și de Shakespeare.
Eu vreau să-mi amintesc acel sărut
cu care mă sărutai în Islanda.

O carte

Abia un lucru între alte lucruri,
Dar și o armă. Fost-a plăsmuită
În anu' o mie șase sute patru
În Englitera. Visul o-ntărește.
Mînie-ascunde, zgomot și-ntuneric.
O cîntăresc în palmă. Cine-ar spune
Infernul că-i într-însa: vrăjitoare
Bărboase – parcele, pumnale care
A umbrei legi pe dată le-mplinesc,
Un aer greu, de năruit castel
Care-ți veghează moartea, delicata
Mînă ce-nsîngerează mări de spumă,
Tăria spadei, strigătul de luptă.

Acest tăcut tumult acuma doarme
În lumea unei cărți ce se-odihnește
Pe liniștitul raft. Dormind, așteaptă.

Milonga străinului

E mereu povestea aceeași;
Nu se schimbă niciodată.
O auzi la Buenos Aires
Ori în pampa depărtată.

Doi se-ncaieră întruna:
Băștinașul și străinul.
Și mereu e pe-nnoptate:
Noaptea vrea să-și ia tainul.

Nu s-au cunoscut nicicînd
Și nici n-or să se mai vadă.
Niciodată pentru bani
Ori femei se iau la sfadă.

Cînd străinului i-au spus
Că e un viteaz în sat,
A-nceput să răscolească
Cele cîrciumi pe-nserat.

Îl cinstește c-o cinzeacă,
Fără să ridice glasul.
Hotărăsc să iasă-afară
Fără să grăbească pasul.

Șișurile scot din teacă,
Iute s-au încăierat.
Făr' a scoate-un geamăt, unul
La pămînt rămîne lat.

Doar atuncea s-au văzut
Și mai mult n-or să se vadă.
Nu poftind la gologani
Ori femei s-au luat la sfadă.

Nu învinge-ndemînarea;
Nu puterea biruiește.
Cînd se-apropie sfîrșitul,
Pe loc moartea te găsește.

Au trăit cei doi bărbați
Pentru ceasul încercării.
Li s-a șters cu vremea chipul;
Numele le-au dat uitării.

Buenos Aires, 1899

Havuzul şi, pe fundul lui, ţestoasa.
Deasupra curţii, vagă-astronomie
În visul de copil. Argintărie-n
Bufet de abanos. Surîde casa.
Cum fuge timpul! Clipa nu se-opreşte.
O spadă care-n luptă a slujit
Şi-un chip de militar care-a murit.
Antreu-i umed. Zidul mucezeşte.
Un cîntec vechi răsună pe uliţă.
În curtea strîmtă, care-mi aminteşte
De robi, azi viţa se bolteşte.
Dorm doi bănuţi în mica puşculiţă.
Nimic. Doar astă biată înşirare
Care-mi cufundă jalea în uitare.

Gravura

De ce, cînd seara ușa o închid,
Îmi vine-n minte cu uimire veche
Gravura c-un tătar care vînează
Călare lupul fioros din stepă?
Se zvîrcolește fiara ne-ncetat.
O țintuiește omul cu privirea.
O planșă-mi dăruiește amintirea
Dintr-un volum ce-n grai străin e scris.
Sînt ani destui de cînd n-am mai văzut-o.
Mă înspăimîntă-adesea amintirea.
În ale ei cotloane și palate
(Ne-a spus-o Augustin) atîtea sînt
Îngrămădite. Iad și rai deolaltă.
De-ajuns e pentru cel dintîi o zi,
Cu tot ce-n ea de obicei cuprinde,
Ori visul cel urît al nopții tale.
Pentru al doilea, este de ajuns
Iubirea celor ce iubesc, răcoarea
Izvorului ce potolește setea,
A minții iscusință sclipitoare,
Ori abanosu-ntotdeauna neted
Ori aurul – sub raza lunii – din Vergiliu.

Îndrăgostitul

Un corn de fildeş, trandafirii, luna,
un chip de Dührer, boabele de rouă,
un zero schimbător şi cifre nouă
la număr, toate mă silesc întruna
să spun că sînt, cîndva c-au existat
Persepolis şi Roma, şi că soarta
le-a hotărît-o, nemiloasă, arta
pustiitoarei lupte, ne-ncetat.
Silit sînt să-mi închipui rugul, spada
din epopee, zbuciumata mare
ce roade ţărmul nalt, necruţătoare.
Şi-mi spun că toate-acestea sînt. Tăgada
îndreptăţeşte gîndul: doar tu eşti
aievea, soartă. Tu mă povesteşti.

G.A. Bürger

Nu pot, nu izbutesc să înțeleg
de ce atît de tare mă privește
tot ce i-a fost lui Bürger hărăzit
să i se-ntîmple
(datele nașterii și morții sale se află în enciclopedii)
într-unul din orașele cîmpiei
de lîngă rîul cu un singur mal
unde palmierul crește, și nu pinul.
Precum noi toți,
a spus minciuni și-a auzit minciuni,
a fost trădat și fost-a trădător,
s-a perpelit de dragoste adesea
și, după-o lungă noapte nedormită,
cleștar pîclos de zori de zi văzut-a.
Dar iată că aflat a fost el vrednic
de-un mare glas, acela al lui Shakespeare
(pe celelalte-acesta le cuprinde),
și de-altu-apoi, tot osebit, de glasul
lui Angelus Silesius, din Breslau.
Cu falsă neglijență șlefuit-a
șirag de stanțe-n stilul vremii sale.
Că altceva prezentul nu-i decît
vremelnică fărîmă de trecut
știa prea bine, și că din uitare
sîntem făcuți: știință-atît de vană
ca ale lui Spinoza corolare

sau negrăita tulburare-a spaimei.
În urbea de pe mal de nemișcat
rîu după două mii de ani de cînd
s-a săvîrșit din viață-un zeu
(povestea ce v-o depăn este veche)
e singur Bürger, și-n această clipă,
acuma chiar, tot stanțe șlefuiește.

Aşteptarea

Mai înainte de-a suna grăbita sonerie
de-a se deschide uşa şi de-a intra tu,
multaşteptata de-a mea nerăbdare,
universul trebuie să execute mai întîi
o nesfîrşită serie de acte concrete. Nimeni
să numere nu poate acest vîrtej, să afle cifra
pe care o multiplică oglinzile,
să ţină socoteala umbrelor care se mişcă
într-un necontenit du-te-vino,
a paşilor ce se îndepărtează şi se apropie.
Nici chiar nisipul nu le-ncape numărul.
(În pieptul meu, ceasornicul de sînge
măsoară temătorul timp al aşteptării.)

Mai înainte ca tu să ajungi,
un călugăr trebuie să viseze o ancoră,
un tigru trebuie să moară în Sumatra,
nouă oameni trebuie să moară în Borneo.

Oglinda

De mic copil de-oglindă mă speriam,
Temîndu-mă alt chip să nu-mi arate
Ori o anostă mască ce ascunde
Ceva îngrozitor. Ori nu cumva
Tăcutul timp ce-adastă în oglindă,
Ieșit din matcă, să inunde malul
Închipuirii mele și să scoată
Tot felul de dihănii din adîncuri.
(N-am spus la nimeni, căci eram sfios.)
Acum mă tem ca nu cumva oglinda
Adevăratul chip să mi-l arate,
De umbre răvășit și de păcate.
Speriatu-mi suflet Domnul doar îl știe.

The Thing I Am

Nu știu ce nume am. Eu nu sînt Borges
(Pierit-a Borges în La Verde, împușcat),
Nici Acevedo, ce visează-o bătălie,
Nici tata, aplecat deasupra unei cărți
Ori așteptîndu-și moartea-n zorii zilei,
Și nici Haslam, versete descifrînd
Din Evanghelii, de Northumberland departe,
Nici Suárez, cu plutonul de lăncieri.
Sînt numai umbra-aceea proiectată
De-aceste umbre dragi amestecate.
Memoria lor sînt, dar eu sînt altul.
Cel care-a fost, ca Dante Alighieri
Și noi ceilalți, în straniul Paradis
Și-n multele Infernuri necesare.
Sînt trupul și sînt chipul nevăzute.
Sînt, cînd se-ncheie ziua, resemnatul
Care cuvintele le potrivește
Altfel decît de obicei sînt folosite,
Spre-a însăila povești ce istovesc
Domeniul denumit literatură.
Sînt cel care consultă enciclopedia,
Școlaru-ntîrziat cu păr cărunt,
Sînt prizonierul unei încăperi
De cărți ticsită fără de cuvinte,
Care-ntr-un colț scandează temător
Un hexametru învățat cîndva,

Sînt cel ce vrea să mîntuiască-o lume
A focului și-a apelor Mîniei
Cu puțintel din Fedru și Vergiliu.
Trecutul mă-mpresoară cu imagini.
Și amintirea bruscă sînt a sferei
Din Magdeburg, a unor sacre rune.
Sînt un distih de Angelus Silesius.
Sînt cel ce mîngîierea o cunoaște
De-a-și aminti de clipa fericită.
Sînt uneori nespusa bucurie.
Sînt cel ce știe că e doar ecou.
Sînt cel ce vrea să moară-n întregime.
Sînt poate cel ce ești și tu în vis.
Sînt lucrul care sînt. A spus-o Shakespeare.
Sînt ce-a rămas din șirul de netoți
Și de fricoși ce-am fost cîndva pe rînd.

Cauzele

Apusurile, neamurile toate.
Și zilele, nici una n-a fost prima.
Și apa ce sorbit-a din izvor
Adam. Și rînduitul Paradis.
Și ochiul ce-ntunericul scrutează.
Și lupii care-n zori se-mperechează.
Cuvîntul. Hexametrul. Și oglinda.
Și Turnul Babel și trufia pedepsită.
Și luna ce-au privit-o caldeenii.
Și Gangele, nisip nenumărat.
Chang-Tzu și fluturul care-l visează.
Și merele de aur din ostroave.
Și pașii rătăcind în labirint.
Și pînza negătat-a Penelopei.
Și timpul circular gîndit de stoici.
Și-n gura mortului obolul nelipsit.
Și greutatea spadei pe balanță.
Și picurii de apă din clepsidră.
Și vulturii, legiunile, triumful.
Și Cezar la Farsalia în zori.
Răsfrînta umbră-a crucii pe pămînt.
Și șahul ce persanu-a născocit.
Și urmele-ndelungilor migrații.
Supunerea regatelor cu spada.
Busola-n veci necontenită. Marea
cea largă. Și tictacul de ceasornic.

Și osînditul rege și securea.
Și praful ce rămas-a din oștire.
Privighetoarea care-n Danemarca
își nalță trilul. Scrijelita slovă.
Sinucigașul chip în ciob de-oglindă.
Și cartea de trișor. Rîvnitul aur.
Și norii-mprăștiați peste pustie.
Caleidoscopul plin de arabescuri.
Căințele și lacrimile-amare.
De toate-acestea fost-a trebuință
ca astăzi mîinile să se-mpreune.

Cenuşa ta-i Adam

Precum ciorchinele muri-va spada.
Nu-i geamul mai fragil decît e stînca.
În praf și pulbere se schimbă totul mîine.
Rugină-i fierul, glasul e ecou.
Un tînăr tată, Adam, e-a ta cenușă.
Bătrînul ram va fi din nou mlădiță.
Privighetoarea-i tril, precum Pindar.
E revărsatul zilei asfințit,
Și mască e de aur micenianul.
Înaltul zid, ruina părăsită-i.
Urquiza este trupu-i sfîrtecat.
Iar chipul ce se uită în oglindă
Nu-i cel de ieri, căci noaptea l-a schimbat.
Ne modelează timpul delicat.

Ferice de nepieritoarea apă
Ce curge, cum ne-nvață Heraclit.
De zvăpăiata flacără, ferice!
În lunga zi, ce parcă s-a oprit,
Etern mă simt, dar neajutorat.

Povestea nopţii

După nenumărate generaţii
oamenii au înfiripat noaptea.
La început era orbire şi vis
şi spini ce înţeapă piciorul desculţ
şi teamă de lupi.
Nu vom şti niciodată cine-a făurit cuvîntul
pentru intervalul de umbră
ce împarte cele două crepuscule;
nu vom şti niciodată în ce veac
a devenit cifrul unui spaţiu de stele.
Alţii au alcătuit mitul.
Au făcut din noapte maica liniştitelor Parce
care ne ţes destinul
şi sacrificau pe altarul ei oi negre
şi cocoşul ce-i prevesteşte sfîrşitul.
Douăsprezece case i-au dat caldeenii;
lumi nenumărate, Porticul.
Hexametri latini au modelat-o
şi teroarea lui Pascal.
Fray Luis de León a văzut în ea patria
sufletului său înfiorat.
Acum o simţim neistovită
precum vinul vechi,
şi nimeni n-o poate contempla

fără a fi cuprins de amețeală,
iar timpul a încărcat-o cu veșnicie.

Și cînd te gîndești că n-ar exista
fără aceste delicate instrumente, ochii.

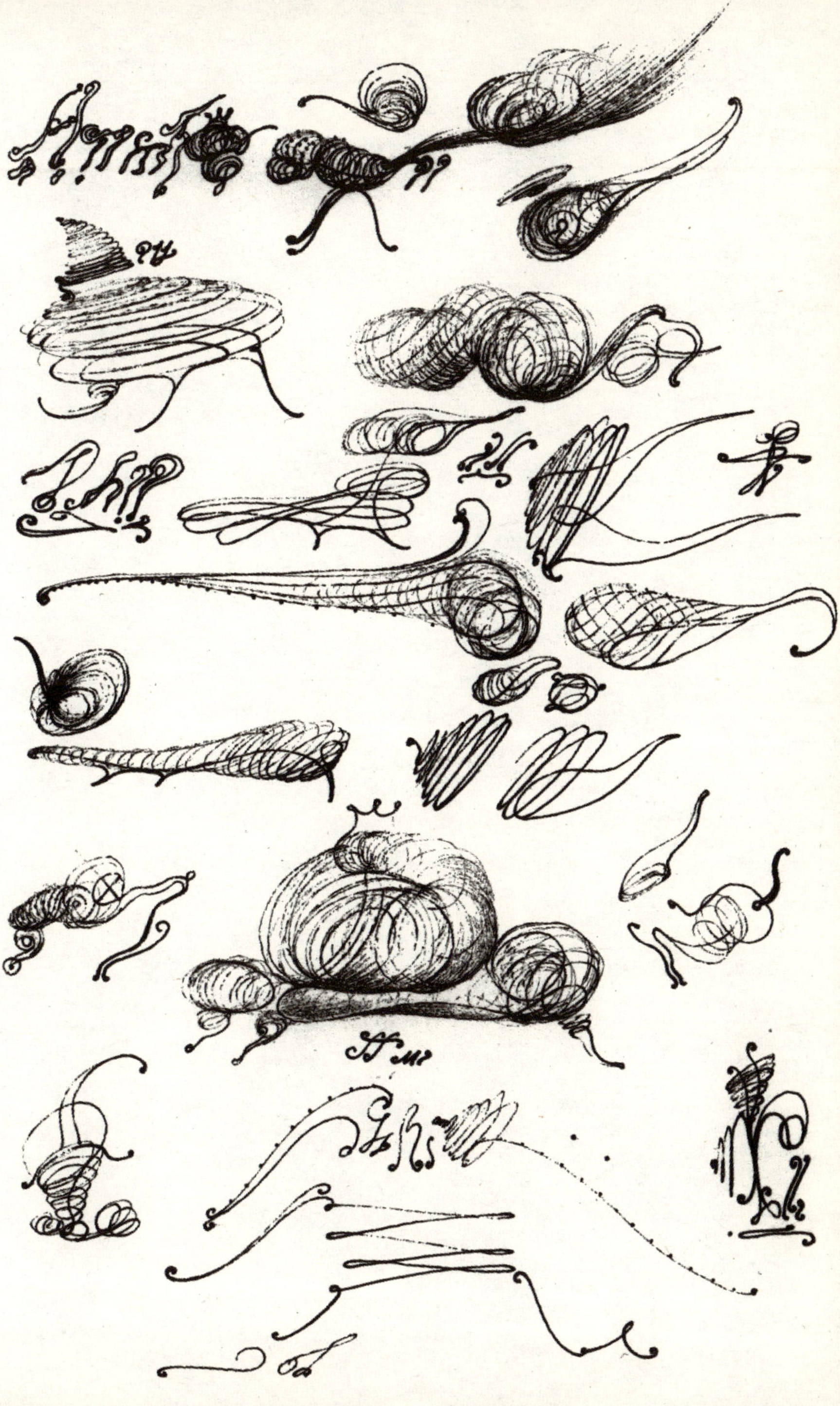

Cifrul

(1981)

Inscripţie

Din seria de fapte inexplicabile care alcătuiesc universul sau timpul, dedicaţia unei cărţi nu este, desigur, cea mai de nepătruns. Este definită ca un dar, un cadou. În afară de cazul monedei indiferente pe care creştinul milostiv o lasă să cadă în palma sărmanului, orice dar adevărat este reciproc. Cel care dă nu se lipseşte de ceea ce dă. A da şi a primi sînt acelaşi lucru.

La fel ca toate actele din univers, dedicaţia unei cărţi e un act magic. Am putea să-l numim, de asemenea, modul cel mai plăcut şi sensibil de a pronunţa un nume. Eu îi pronunţ acum numele, María Kodama. Cîte dimineţi s-au adunat în acest nume, cîte mări, cîte grădini ale Orientului şi ale Occidentului, cît Vergiliu!

J.L.B.

Buenos Aires, 17 mai 1981

Prolog

Din îndeletnicirea cu literatura poți învăța să eviți greșelile, nu să meriți soluțiile fericite. Poți avea revelația imposibilităților noastre, a severelor noastre limite. Cu trecerea anilor, am înțeles că îmi este interzis să încerc cadența magică, metafora rară, interjecția, opera savant construită ori de largă respirație. Destinul meu este ceea ce se numește de obicei poezia intelectuală. Cuvîntul e aproape un oximoron; intelectul (starea de veghe) gîndește prin intermediul abstracțiunilor, poezia (visul), prin intermediul imaginilor, miturilor sau născocirilor. Poezia intelectuală trebuie să împletească în mod agreabil aceste două procese. Așa face Platon în dialogurile sale; așa face și Francis Bacon, cînd enumeră idolii tribului, pieței, cavernei și teatrului. Maestrul genului este, după părerea mea, Emerson; au mai încercat acest procedeu, cu rezultate diferite, Browning și Frost, Unamuno și, după cîte mi se spune, Paul Valéry.

Un admirabil exemplu de poezie pur verbală este următoarea strofă a lui Jaime Freyre:

Imaginară porumbiță călătoare,
ce-aprinzi în piept iubirea cea din urmă,
simțire de azur și de lumină,
imaginară porumbiță călătoare.

Nu vrea să spună nimic și totuși spune tot, așa cum face muzica.

Un exemplu de poezie intelectuală este următoarea strofă a lui Fray Luis de Léon, pe care Poe o știa pe dinafară:

Vreau să trăiesc cu mine împăcat
și bucuros să fiu că mi s-a dat
ce mi-am visat:
cu mine doar, de martori necătat,
de ură ori iubire-acum iertat,
de teamă ori speranță lepădat.

Nu există nici o imagine. Nu există nici un cuvînt frumos, cu excepția îndoielnică a cuvîntului martor, *care să nu fie o abstracție. Paginile acestea caută, nu fără incertitudini, o cale de mijloc.*

J.L.B.

Buenos Aires, 29 aprilie 1981

Descartes

Sînt singurul om pe pămînt, și poate că om și pămînt nu există.
Poate mă înșală un zeu.
Poate m-a osîndit la timp, această lungă amăgire.
Visez luna și-mi visez ochii ce percep luna.
Am visat înserarea și dimineața zilei dintîi.
Am visat Cartagina și legiunile ce-au pustiit Cartagina.
L-am visat pe Lucan.
Am visat colina Golgotei și crucile din Roma.
Am visat geometria.
Am visat punctul, linia, planul și volumul.
Am visat galbenul, albastrul și roșul.
Am visat copilăria mea bolnăvicioasă.
Am visat hărțile și regatele și duelul acela din zori.
Am visat durerea de neconceput.
Am visat spada.
Am visat-o pe Elisabeta de Boemia.
Am visat îndoiala și certitudinea.
Am visat ziua de ieri.
Poate n-am avut ieri, poate nu m-am născut.
Poate visez că am visat.
Mi-e puțin frig, mi-e puțin frică.
Peste Dunăre s-a lăsat noaptea.
Voi continua să visez la Descartes și la credința părinților lui.

Cele două catedrale

Biblioteca din Almagro Sur.
I-am cunoscut rutina și plictisul
și-a cărților clasificare minuțioasă,
în ordinea, firește, zecimală.
Atunci speranța mi-ai încredințat
de-a scrie un poem care-ar urma
strofă cu strofă și chiar vers cu vers
proporțiile, planul și structura
celebrei catedrale de la Chartres
(pe care n-o văzuseși niciodată),
astfel încît să corespundă-altarul
și naosul și turlele și tinda.
Acuma, Schiavo, nu mai ești în viață.
Din cer privești pesemne cu blîndețe,
zîmbind, impunătoarea catedrală
din piatră și te uiți și la cealaltă,
la-nchipuita catedrală tipografică.
Acuma știi că amîndouă sînt,
cea înălțată de mai multe generații,
precum și cea de umbra ta-nălțată,
vremelnice și muritoare copii
de tainic arhetip nepieritor.

Beppo

Motanul alb, celibatar, se uită
în alba strălucire a oglinzii,
fără-a putea-nțelege că albeața
și ochii aurii nemaivăzuți
în casă pînă-atunci sînt ochii lui.
Cine-ar putea să-i spună că e doar
vis al oglinzii celălalt motan?
Îmi spun c-acești motani armonioși,
cel din oglindă, cel cu sînge cald,
sînt simulacre-ngăduite vremii
de-un arhetip etern. Astfel, Plotin,
și el o umbră,-acum, ne-ncredințează.
Din ce Adam mult mai bătrîn ca raiul,
din ce divinitate nepătrunsă
ne tragem și sîntem oglinda-i spartă?

Acela

O, zile închinate inutilei
dorințe de-a uita biografia
unui poet mărunt din emisfera
din Miazăziuă căruia ursita
i-a dat un trup ce n-a lăsat urmași
și-orbirea, ce-i penumbra închisorii,
și bătrînețea, vestitoarea morții,
și faima, de nevrednici dobîndită,
și vechiul obicei de a urzi
dulci endecasilabi, nepedepsita
iubire pentru enciclopedii
și fine hărți trasate caligrafic,
și fildeș neted și-un nevindecat
dor de latină și-amintiri fugare
din Edinburgh și din Geneva și
uitate acuma numere și date
și-un cult pentru Orient, ne-mpărtășit
de-nvălmășite neamuri ce trăiesc
în locu-acela, și înfiorate
de vagi nădejdi amurguri violete,
ispititoare etimologii,
silabele de fier ale saxonei,
necontenit surprinzătoarea lună,
și Buenos Aires, vechea slăbiciune,
și gustul strugurilor, apa de izvor,

ceșcuța de cacao mexicană,
monedele și ceasul de nisip,
și care,-acum, cu soarta împăcat,
așterne pe hîrtie aceste versuri.

Ecleziastul, I, 9

De-mi trec pe frunte mîna tremurîndă,
ferecătura cărților de-o mîngîi,
de *Cartea Nopților* o recunosc,
de fac să se deschidă-ncuietoarea,
de zăbovesc în pragul nedecis,
de-s covîrșit de-o mare suferință,
de-a Timpului Mașină de-mi aduc
aminte-ori de covorul cu licorna,
de-mi schimb poziția în somnul greu,
de-un vers în amintire se deșteaptă,
repet ce-am săvîrșit de-atîtea ori
în drumul dinainte stabilit.
Să făptuiesc un lucru nou nu pot,
eu țes de mii de ori covorul meu,
reiau același endecasilab
și spun ce alții-ntruna mi-au tot spus
și simt aceleași lucruri în același
al zilei și al nopții ceas sortit.
Mă cearcă noaptea același vis urît,
mă cearcă noaptea strînsul labirint.
Sînt osteneala oglinzii nemișcate
ori praful adunat într-un muzeu.
Un singur lucru neplăcut aștept,
un dar, al umbrei bulgăre de aur.
Fecioara asta, moartea. (Spaniola
îngăduie metafora aceasta.)

The Cloisters

Tocmai din regatul Franței
au fost aduse sticlăria și piatra
ca să se ridice pe insula Manhattan
aceste galerii arcuite.
Nu sînt apocrife.
Sînt monumente fidele ale unei nostalgii.
Un glas american ne spune
să plătim cît ne lasă inima,
fiindcă toată această alcătuire e iluzorie,
iar banii puși în cutia milelor de mîna noastră
se vor preface în țechini sau în fum.
Această abație este mai uimitoare
decît piramida din Gizeh
sau decît labirintul din Knossos,
fiindcă e de asemenea un vis.
Auzim susurul fîntînii,
dar această fîntînă e în Curtea Portocalilor
sau în cîntarea *Der Astra*.
Auzim glasuri rostind limpede cuvinte latinești,
dar aceste glasuri au răsunat în Aquitania
cînd se apropia Islamul.
Vedem pe tapiserii
învierea și moartea
osînditei și albei licorne,
fiindcă timpul acestui loc
nu ascultă de vreo rînduială.

Laurii pe care-i îngrijesc vor înflori
cînd Leif Ericsson va zări costele Americii.
Mă simt puțin amețit.
Nu sînt obișnuit cu veșnicia.

Epilog

Cînd numărul de pași se împlinește
ce pe pămînt să calci ți-a fost sortit,
atunci tu mori. Cu tine mor și eu,
eu, care-aminte îmi aduc de noaptea
nespusei despărțiri, acum mă-ntreb:
Ce s-a ales de-acei doi băiețandri,
care-n o mie nouă sute douăzeci,
plini de avînt, doreau să descifreze
pe largile trotuare ale nopții
din Sud ori în chitara din Paredes
ori în povești cu-ncăierări prin cîrciumi,
în revărsat de zori, în asfințituri,
secretul marii urbe Buenos Aires?
Tu, frate-al meu în cultul lui Quevedo
și-n dragostea de ampli hexametri,
născocitor (cum toți eram pe-atunci)
al unui instrument străvechi: metafora,
Francisco Luis, din paginile cărții,
întoarce-te să-mparți cu mine seara
și să m-ajuți să-nchei acest poem.

Buenos Aires

M-am născut în alt oraș care se numește tot Buenos Aires.
Îmi amintesc huruitul porții de fier.
Îmi amintesc iasomia și havuzul de care mi-e atîta dor.
Îmi amintesc o panglică trandafirie care fusese roșu aprins.
Îmi amintesc pajiștea însorită și tihna după-amiezei.
Îmi amintesc spadele încrucișate în luptele din pustiu.
Îmi amintesc felinarele cu gaz și omul cu prăjina ce le aprindea.
Îmi amintesc de lumea care venea în vizită fără să anunțe.
Îmi amintesc un baston cu șiș.
Îmi amintesc ce-am văzut și ce mi-au povestit părinții mei.
Mi-l amintesc pe Macedonio, într-un colț al cafenelei din
cartierul Unsprezece.
Îmi amintesc cursele de cai din marginea orașului, în praful
din cartierul Unsprezece.
Îmi amintesc magazinul de pe strada Tucumán.
(După colț a murit Estanislao del Campo.)
Îmi amintesc că mai era o curte în fund, unde n-am ajuns,
care era curtea sclavilor.
Păstrez amintirea focului de armă din Alem într-o trăsură închisă.
În acel Buenos Aires, care m-a părăsit, eu aș fi un străin.
Știu că singurele paradisuri îngăduite omului sînt paradisurile
pierdute.
Cineva aproape identic cu mine, cineva care nu va fi citit
aceste rînduri,
va deplînge dispariția turnurilor de ciment și demolarea
obeliscului.

Încercarea

Dincolo de ușă, un om
a intrat în descompunere. În zadar
seara asta va înălța o rugăciune
la ciudatul său Dumnezeu, care sînt trei, doi, unu,
și își va spune că e nemuritor. Acum
aude prevestirea morții sale
și știe că e un trup care zace.
Ești, frate, omul acesta. Să mulțumim
pentru viermi și uitare.

Imn

În dimineața asta
plutește-n aer nemaiîntîlnitul parfum
al trandafirilor din Paradis.
Pe malul Eufratului
Adam descoperă răcoarea apei.
O ploaie de aur cade din cer;
este iubirea lui Zeus.
Sare din mare un pește
și un bărbat din Agrigento își va aminti
că a fost acest pește.
În peștera ce se va numi Altamira,
o mînă fără chip trasează curba
unei spinări de bizon.
Mîngîie lenta mînă a lui Vergiliu
mătasea pe care au adus-o
din țara Împăratului Galben
caravanele și corăbiile.
Prima privighetoare cîntă în Ungaria.
Iisus vede pe fața monedei chipul Cezarului.
Pitagora dezvăluie grecilor
că forma timpului este cercul.
Într-o insulă din Ocean
ogarii de argint urmăresc cerbii de aur.
Pe o nicovală se făurește spada
ce-i va fi credincioasă lui Sigurd.
Whitman cîntă în Manhattan.

Homer se naște în șapte cetăți.
O fecioară a izbutit să prindă
licornul alb.
Întreg trecutul se întoarce ca un val,
și aceste lucruri vechi se-ntoarnă
fiindcă te-a sărutat o femeie.

Fericirea

Cine îmbrățișează o femeie e Adam. Femeia este Eva.
Totul se-ntîmplă pentru prima oară.
Văzut-am ceva alb pe cer. Că-i luna mi se spune,
dar ce pot face cu un cuvînt și o mitologie?
O-nfiorare simt cînd văd copacii. O, cît sînt de frumoși!
Se-apropie de mine cu blîndețe tot felul de jivine pentru ca eu să le spun pe nume.
Pe raft stau cărți, dar litere nu au. Cînd cartea o deschid, apar și ele.
Cînd răsfoiesc atlasul, trasez conturul insulei Sumatra.
Cine aprinde un chibrit în întuneric născocește focul.
În oglindă cineva stă la pîndă.
Cine privește marea vede Anglia.
Cine recită un vers de Liliencron a intrat în luptă.
Am visat Cartagina și legiunile care au nimicit Cartagina.
Am visat spada și balanța.
Lăudată fie dragostea în care nu există posesor și posedat, căci amîndoi se lasă în voia ei.
Lăudat fie coșmarul, care ne arată că putem crea iadul.
Cine se scaldă într-un rîu se scaldă în Gange.
Cine privește un ceas de nisip vede năruirea unui imperiu.
Cine se joacă cu un pumnal prevestește moartea lui Cezar.
Cel care doarme este toți oamenii.
În pustiu am văzut apărînd Sfinxul, pe care chiar atunci îl terminaseră.

Nimic nu e atît de vechi sub soare.
Totul se întîmplă pentru prima oară, dar într-un chip veşnic.
Cine citeşte cuvintele mele le inventează.

Elegie

Nu știe nimeni, nici măcar oglinda
că amare lacrimi omenești vărsat-a.
Nu poate bănui că prăznuiește
acele lucruri vrednice de lacrimi:
zoritul șir de ani și frumusețea
Elenei, deși el nu a văzut-o,
și mîna lui Iisus pe lemnul crucii
sub stăpînirea Romei, și cenușa
Cartaginei, și în poem persan
privighetoarea, scurta fericire,
neliniștea ce stă mereu la pîndă,
Vergiliu plin de muzică și fildeș,
care a cîntat a spadei vitejie,
mișcarea norilor, necontenită,
ce parcă-ncremenește-n asfințit,
și dimineața ce devine seară.
Un om se află dincolo de ușă,
alcătuit din timp și din iubire.
E singur. Toate lucrurile lumii
le-a plîns la Buenos Aires.

Blake

Unde-o fi trandafirul care-n mîna ta
împarte din belșug, fără să știe, tainicele-i daruri?
Nu de culoare-i vorba, fiindcă floarea-i oarbă,
nici de mireasma cu bun miros ce nu dispare,
nici de greutatea unei petale.
Toate acestea
sînt doar ecouri palide, pierdute.
Adevăratul trandafir e undeva departe.
Poate fi un stîlp sau o bătălie
sau un firmament de îngeri sau o lume
nesfîrșită, tainică și necesară,
sau o planetă de argint pe un alt cer
sau un teribil arhetip ce nu apare
în chip de trandafir.

Ziditorul

Din timp ne spui, bătrîne Heraclit,
că-am fost făcuți, asemănați cu rîul
învolburat ce-n unda lui tîrăște
la vale munți, și lei, și spade, și oglinzi,
jelind iubiri, nădejdi înșelătoare
și nume de imperii risipite,
și hexametri-n greacă și latină,
posomorîtă mare-n zori de zi,
și visul, vagă presimțire-a morții,
și arme de viteji și monumente,
și Ianus cu-ale sale două fețe,
de fildeș labirinturi plăsmuite
din piese pe tăblia hașurată,
și mîna înroșită a lui Macbeth
ce poate marea-însîngera, bătaia
ceasornicelor ce pîndesc în umbră,
și lamele de-oțel, și scrisul gotic,
oglinzi ce te privesc necontenit
și dangăt greu de clopot veghetor,
și zori de zi și asfințituri lente,
ecouri, fire de nisip și vise
ce altceva sînt dacă nu imagini
amestecate de hazard. Din ele,
deși bătrîn și orb, sînt hărăzit
să șlefuiesc nestricăcioase versuri.
În ele-mi pun nădejdea mîntuirii.

Yesterdays

Din stirpe sînt de pastori protestanți
și de soldați latino-americani
ce s-au bătut cu goții spanioli
și s-au întors acuma în țărînă.
Eu sînt și nu sînt, căci adevărata
mea stirpe-mi este glasul părintesc
pe care îl ascult șoptind în Swinburne,
în groasele volume răsfoite,
dar necitite, care-mi sînt de-ajuns.
Sînt tot ce-aflat-am de la învățați.
Noroc ori soartă, aste două nume
de cercetată taină nepătrunsă
mi-au dat mai multe patrii: Buenos Aires
și Nara, unde-am petrecut o noapte,
Geneva, două Córdobe, Islanda...
Un vis sînt singuratic și adînc,
mă pierd în el ori doar încerc s-o fac,
îndatorirea apusurilor sînt,
vechi dimineți și prima dată cînd
văzut-am marea și zărit-am luna
ce nu avea habar de Galileu.
O clipă sînt a vremii nesfîrșite,
și fiecare noapte de nesomn,
și despărțire, și reîntîlnire.
Sînt vaga amintire a gravurii
din cămăruța mea pe care ochii,

azi stinși, au admirat-o îndelung:
Războinicul, cu Demonul și Moartea.
Sînt celălalt, care-a privit pustia
și o privește-acum din veșnicie.
Oglindă sînt, ecou. Un epitaf.

Urzeala

În fundul curții
picură cișmeaua,
necruțător ca moartea lui Cezar.
Amîndouă sînt fire din urzeala ce cuprinde
cercul fără început și fără sfîrșit,
ancora fenicianului,
cel dintîi lup și cel dintîi miel,
data morții mele
și teorema pierdută a lui Fermat.
Această urzeală de fier
stoicii au socotit că este un foc
ce moare și renaște precum pasărea Phoenix.
Este marele copac al cauzelor
și al ramificatelor efecte;
în frunzișul său se află Roma și Caldeea
și tot ce văd fețele lui Ianus.
Universul este unul dintre numele sale.
Nimeni nu l-a văzut niciodată,
și nici un om nu poate vedea altceva.

Andrés Armoa

Anii i-au lăsat cîteva cuvinte în limba guaraní, pe care știe să le folosească la momentul potrivit, dar pe care nu le-ar putea traduce decît cu o oarecare dificultate.

Ceilalți soldați îl acceptă, dar unii (nu toți) simt că există în el ceva străin, de parc-ar fi eretic ori necredincios ori ar suferi de o boală.

Această respingere îl supără mai puțin decît slugărnicia recruților.

Nu e băutor, dar se aghesmuiește sîmbăta.

S-a deprins să bea *mate*, care-i mai ține de urît.

Femeile nu-l iubesc, iar el nu le caută.

Are un copil la Dolores. De ani de zile nu știe nimic despre el, cum li se întîmplă adesea oamenilor simpli, care nu scriu.

Nu e un om prea vorbăreț, dar povestește adesea, mereu cu aceleași cuvinte, marșul acela lung de sute de leghe de la Junín la San Carlos. Poate că povestește cu aceleași cuvinte fiindcă le știe pe dinafară și a uitat faptele.

Nu are pat. Doarme pe unde apucă și nu știe ce sînt coșmarurile.

Are cugetul împăcat. S-a limitat să îndeplinească ordinele.

Se bucură de încrederea șefilor săi.

E parlagiu.

A pierdut socoteala timpului și nu mai știe de cîte ori a văzut revărsatul zorilor în deșert.

A pierdut socoteala vitelor sugrumate, dar n-o va uita pe cea dintîi și expresia ochilor ei.

Nu va fi avansat niciodată. Nu trebuie să atragă atenția.

În provincia lui a fost îmblînzitor. Acum nu mai e în stare să încalece un cal sălbatic, dar îi plac caii și se înțelege cu ei.

Este prieten cu un băștinaș.

Dor de prezent

Chiar în clipa aceea bărbatul și-a spus:
Ce n-aș da pe fericirea
de-a fi alături de tine în Islanda
sub bolta încremenitei zile
și să împart cu tine prezentul
așa cum te împărtășești din muzică
sau din savoarea unui fruct.
Chiar în clipa aceea
bărbatul era alături de ea în Islanda.

Impasul

Te-nşeli de crezi că fi-vei izbăvit
De ce-au scris cei pe care îi implori.
Nu eşti ceilalţi şi-acum te trec fiori
În centrul labirintului urzit
De paşii tăi. Iisus cel răstignit
pe lemnul crucii nu te mîntuieşte,
Şi nici Siddharta, care îşi primeşte
Într-o grădină moartea,-n asfinţit.
Tot pulbere e şi cuvîntul scris
De mîna ta ori verbul pronunţat
De gura ta. E neînduplecat
Destinul tău de beznă şi abis.
Substanţa ta e timpul. N-ai scăpare,
Prins în şirag de clipe solitare.

Poem

Avers

Dormeai. Te trezesc.
Dimineața ne dăruiește iluzia unui început.
Uitaseși de Vergiliu. Uite hexametrii.
Îți aduc multe lucruri.
Cele patru rădăcini ale grecului: pămîntul, apa, focul, aerul.
Un singur nume de femeie.
Prietenia lunii.
Culorile deschise ale atlasului.
Uitarea, care purifică.
Amintirea, care alege și redescoperă.
Obișnuința, care ne ajută să simțim că sîntem nemuritori.
Sfera și àcele care parcelează timpul neoprit.
Mireasma de santal.
Îndoielile pe care le numim, nu fără vanitate, metafizică.
Mînerul încovoiat al bastonului pe care mîna ta îl așteaptă.
Gustul strugurilor și al mierii.

Revers

Să-ți amintești de cel ce doarme
este ceva obișnuit și cotidian
care-ar putea să ne facă să ne înfiorăm.
Să-ți amintești de cel ce doarme
înseamnă să-i impui celuilalt interminabila

închisoare a universului
alcătuit din timpul său fără asfințit și fără răsărit.
Înseamnă să-i dezvălui că este cineva sau ceva
supus unui nume care-l face cunoscut
și unei sume a zilelor de ieri.
Înseamnă să-i tulburi veșnicia.
Înseamnă să-l încarci cu veacuri și stele.
Înseamnă să restitui timpului alt Lazăr
încărcat de amintiri.
Înseamnă să spurci apa din laguna Lethe.

Îngerul

Fă, Doamne, ca omul să nu fie nevrednic
de Îngerul care-l păzește cu spada
de cînd l-a zămislit acea Iubire
ce mișcă soarele și stelele
pînă în Ziua de Apoi în care se va auzi
sunet de trîmbiță.
Să nu fie tîrît prin roșii lupanare,
nici prin palate înălțate de trufie,
nici prin tavernele nesăbuinței.
Să nu se coboare la rugăminți,
nici la ocara plînsetelor,
nici la fabuloasa speranță,
nici la măruntele magii ale fricii,
nici la simulacrul histrionului;
Celălalt îl privește.
Fă să-și aducă aminte
că niciodată nu va fi singur.
La lumina zilei sau în umbră
necontenita oglindă e martor pentru toate.

Dă-mi, Doamne, puterea
ca la capătul zilelor mele pe Pămînt
să nu-mi necinstesc Îngerul.

Visul

Ne poruncește noaptea fermecat
canon. Să destrămăm tot universul,
cu nesfîrșitele-i ramificații
de cauze și-efecte, ce se pierd
în hăul fără fund care e timpul.
Vrea noaptea ca în astă noapte tu
să-ți uiți și numele și-ntreaga stirpe,
și lacrimi omenești și vii cuvinte,
tot ce-ncercat-a veghea să te-nvețe,
savant închipuit punct iluzoriu,
și linia, și planul, piramida,
cilindrul, sfera, marea și talazul,
obrazul tău în pernă afundat,
cearșaful nou, grădini înmiresmate,
impresiile, Cezarii și Shakespeare
și, lucrul cel mai greu din toate: chiar iubirea.
Ce straniu: o singură pastilă poate
întreaga lume s-o cufunde-n haos.

Un vis

Într-un loc pustiu din Iran există un turn de piatră nu prea înalt, fără uși și ferestre. În singura lui încăpere (cu pămînt pe jos și formă de cerc) se află o masă de lemn și o bancă. În această chilie circulară, un om care seamănă cu mine scrie cu litere pe care nu le înțeleg un lung poem despre un om care în altă chilie circulară scrie un poem despre un om care în altă chilie circulară... Procesul nu are sfîrșit, și nimeni nu va putea citi ce scriu întemnițații.

Infernul, V, 129

Lasă cartea să cadă, fiindcă știu acum
că sînt ființele din carte.
(Vor fi ale alteia, Cartea cea mare,
dar ce importanță poate avea asta pentru ei?)
Acuma sînt Paolo și Francesca,
nu doi prieteni care se împărtășesc
din aromele unei povești.
Se privesc cu neîncrezătoare uimire.
Mîinile lor nu se ating.
Au descoperit singura comoară;
s-au găsit unul pe altul.
Nu-l trădează pe Malatesta,
fiindcă trădarea are nevoie de un al treilea
și pe lume există numai ei doi.
Sînt Paolo și Francesca
și de asemenea regina și ibovnicul ei
și toți îndrăgostiții ce s-au perindat
de la Adam și Eva
cînd erau în grădina Raiului.
O carte, un vis le dezvăluie
că sînt forme ale unui vis ce-a fost visat
pe meleagurile Bretaniei.
O altă carte va face ca oamenii,
ce nu sînt decît vise, să-i viseze.

Să curgi ori să fii

În cer e Rinul? Unde curge oare?
Există universala formă „Rin",
un arhetip ce, neatins de timp,
ce-i cellalt Rin, în veşnic azi persistă
şi-i rădăcina-acelui Rin german
curgînd spre mare-n timp ce eu compun?
Aşa au presupus platonicienii,
dar n-a crezut aşa şi William Occam.
A spus că Rin (din etimonul *rinan*,
ce-nseamnă-a alerga) nu-i altceva
decît un supranume arbitrar
de om dat fugii seculare-a apei
de la zăpezi la firul de nisip.
Tot ce se poate. Hotărască alţii.
Voi fi fiind, repet, doar lungul şir
de zile albe şi de negre nopţi
care-au iubit, cîntat ori au citit
şi pătimit-au spaime şi speranţe?
Sau poate-o fi şi altul, eul tainic,
al cărui iluzoriu chip, azi şters,
l-am cercetat în tulburată-oglindă?
De dincolo de moarte şti-voi, poate,
de fost-am cineva ori doar cuvînt.

Faima

Faptul că am văzut crescînd orașul Buenos Aires, crescînd și descrescînd.
Că îmi aduc aminte de curtea nepietruită cu viță, de verandă și de havuz.
C-am moștenit engleza și-am încercat să mă deprind cu saxona.
Că am iubit germana și mi-a fost dor de latină.
Că am stat de vorbă cu un bătrîn ucigaș în cartierul Palermo.
Că m-am bucurat de jocul de șah, de iasomie, de tigri și de hexametri.
Că l-am citit pe Macedonio Fernández cu glasul ce a fost al lui.
Că am cunoscut ilustrele incertitudini care alcătuiesc metafizica.
Că am cinstit spadele și am dorit să fie pace.
Că nu am rîvnit să guvernez insule.
Că nu am ieșit din bibliotecă.
Că am fost Alonso Quijano și nu am cutezat să fiu Don Quijote.
Că i-am învățat ce nu știu pe cei care pesemne sînt mai știutori decît mine.
Că m-am bucurat de strălucirea lunii și de Paul Verlaine.
Că am urzit cîteva versuri endecasilabice.
Că am repovestit vechi întîmplări.
Că am rînduit în dialectul timpului nostru vreo cinci-șase metafore.
Că m-am ferit de ademeniri.
Că am fost cetățean al orașelor Geneva, Montevideo, Austin și (ca toți oamenii) cetățean al Romei.

Că am fost un admirator al lui Conrad.
Că am fost un lucru pe care nimeni nu-l poate defini: argentinian.
Că am fost orb.
Nici unul dintre aceste lucruri nu e neobişnuit şi totuşi toate laolaltă îmi conferă o faimă pe care n-o pot înţelege.

Cei drepţi

Un om ce-şi îngrijeşte grădina, aşa cum îşi dorea Voltaire.
Cel care se bucură că pe lume există muzică.
Cel ce descoperă cu încîntare o etimologie.
Doi slujbaşi care, într-o cafenea din cartierul Sud, joacă şah
în tăcere.
Ceramistul care închipuie o culoare şi o formă.
Tipograful ce culege cu grijă această pagină, deşi s-ar putea
să nu-i placă.
O femeie şi un bărbat care citesc terţinele finale dintr-un cînt.
Cel care mîngîie un animal adormit.
Cel ce justifică ori vrea să justifice un rău care i s-a făcut.
Cel care se bucură că pe lume există Stevenson.
Cel ce preferă ca dreptatea să fie de partea celorlalţi.
Aceşti oameni, care nu au ştire unii de alţii, mîntuie lumea.

Complicele

Ei mă răstignesc, iar eu trebuie să fiu crucea și cuiele.
Ei îmi întind potirul, iar eu trebuie să fiu cucuta.
Ei mă înșală, iar eu trebuie să fiu minciuna.
Ei mă aruncă în flăcări, iar eu trebuie să fiu iadul.
Trebuie să aduc prinos de recunoștință, laude fiecărei clipe.
Hrana mea e alcătuită din toate lucrurile.
Ponderea exactă a universului, smerenia, bucuria.
Trebuie să justific tot ce mă rănește.
N-are importanță fericirea ori nefericirea mea.
Sînt poetul.

Pustiul

Înainte de a intra în pustiu
soldații au băut cu nesaț apa din heleșteu.
Hierocles a vărsat pe jos
apa din urcior și a spus:
Dacă trebuie să intrăm în pustiu,
atunci am și intrat în pustiu.
Dacă setea mă va arde,
atunci a și început să mă ardă.
Aceasta e pilda.
Înainte de a mă prăbuși în iad,
lictorii zeului mi-au îngăduit
să privesc un trandafir.
Acest trandafir este acum canonul meu
în regatul întunericului.
Un bărbat a fost părăsit de o femeie.
Au hotărît să joace minciuna ultimei întîlniri.
Bărbatul a spus:
Dacă trebuie să intru în singurătate,
atunci am și intrat.
Dacă setea mă va arde,
atunci a și început să mă ardă.
Aceasta e altă pildă.
Nimeni pe pămînt
n-are curajul să fie bărbatul acela.

Bastonul lăcuit

L-a descoperit María Kodama. În pofida autorității lui și tăriei lui, e neobișnuit de ușor. Cine îl vede bagă de seamă asta îndată, cine bagă de seamă ține minte.

Îl privesc. Simt că e o parte din acel imperiu, nesfîrșit în timp, care și-a ridicat zidul pentru a marca o incintă magică.

Îl privesc. Mă gîndesc la acel Chuang Tzu care a visat că era fluture și care, cînd s-a trezit, nu știa dacă era un om care visase că era un flutur sau un flutur care acum visa că e om.

Îl privesc. Mă gîndesc la meșterul care a lucrat lemnul de bambus și l-a îndoit pentru ca mîna mea dreaptă să-l poată prinde bine în palmă.

Nu știu dacă mai trăiește sau dacă a murit.

Nu știu dacă e taoist sau budist sau dacă cercetează cartea celor șaizeci și patru de hexagrame.

Nu ne vom vedea niciodată.

E pierdut printre nouă sute treizeci de milioane de oameni.

Ceva, totuși, ne leagă.

Nu e imposibil ca Cineva să fi premeditat această legătură.

Nu e imposibil ca universul să aibă nevoie de această legătură.

Unei anume insule

Cum să te invoc, delicată Engliteră?
E vădit că nu trebuie să încerc
pompa și zgomotul odei,
străină de pudoarea ta.
Nu voi vorbi despre mările tale, care sînt Marea,
nici de imperiul pe care ți l-a impus, insulă intimă,
provocarea celorlalți.
Voi pomeni în șoaptă cîteva simboluri:
Alice, ce-a fost un vis al Regelui Roșu,
ce-a fost un vis al lui Carroll, azi un vis,
savoarea ceaiului și a prăjiturilor,
un labirint în grădină,
un ceas solar,
un om ce jinduiește (și care nu spune nimănui că jinduiește)
Orientul și singurătățile glaciale,
pe care Coleridge nu le-a văzut
și pe care le-a concentrat în cuvinte precise,
răpăitul ploii, care nu se schimbă,
zăpada ce cade în palmă,
umbra statuii lui Samuel Johnson,
ecoul de lăută ce nu se pierde
chiar dacă nimeni nu-l mai poate auzi
cristalul unei oglinzi ce-a reflectat
privirea oarbă a lui Milton,
priveghereea neobosită a unei busole,
Cartea Mucenicilor,

cronica unor obscure rînduri de oameni
pe ultimele pagini ale unei biblii,
praful de sub blocul de marmură,
pecetea zorilor.
Aici sîntem amîndoi, insulă secretă.
Nu ne aude nimeni.
Între cele două crepuscule
vom împărți în tăcere lucruri dragi.

Shinto

Cînd ne doboară nenorocirea,
preț de o clipă ne salvează
aventurile infime
ale atenției sau ale memoriei:
de pildă gustul unui fruct, ori gustul apei,
un chip pe care ni-l întoarce visul,
primele flori de iasomie din noiembrie,
năzuința infinită a busolei,
o carte pe care o credeam pierdută,
pulsul unui hexametru,
cheița ce deschide ușa casei,
parfumul unei biblioteci sau cel al santalului,
numele vechi al unei străzi,
o etimologie neprevăzută,
netezimea unei scînduri șlefuite,
data pe care-o căutam,
răbdarea cu care numeri în întuneric
cele douăsprezece bătăi de pendulă,
o bruscă durere fizică.

Opt milioane sînt divinitățile lui Shinto
care străbat pămîntul în taină.
Aceste modeste numere ne privesc,
ne privesc și ne lasă în voia noastră.

Şaptesprezece haikuuri

1

Mi-au spus ceva
înserarea și muntele.
Am uitat ce.

2

Noaptea adîncă
nu este acum altceva
decît o mireasmă.

3

Este sau nu este
visul pe care l-am uitat
înainte de revărsatul zorilor?

4

Amuțesc corzile.
Muzica știa
ce simt eu.

5

Azi nu mă bucur
de migdalii din grădină.
Îmi aduc aminte de tine.

6

În chip nelămurit,
cărți, planșe, chei
îmi împărtășesc soarta.

7

Din ziua aceea
n-am mai mutat piesele
pe tabla de șah.

8

În pustiu
se crapă de ziuă.
Cineva știe asta.

9

Spada ruginită
visează bătălii.
Altul e visul meu.

10

Bărbatul a murit.
Barba nu știe.
Unghiile cresc.

11

Aceasta e mîna
care altădată
îți mîngîia părul.

12

Sub streașină
oglinda nu copiază
decît luna.

13

Sub raza lunii
umbra ce se întinde
e una singură.

14

E un imperiu
această lumină ce se stinge
ori un licurici?

15

Lună nouă.
O privește și ea
din alt pridvor.

16

Un tril depărtat.
Privighetoarea nu știe
că-ți alină dorul.

17

Mîna bătrînă
însăilează versuri
pentru uitare.

Cifrul

Tăcută, a lunii caldă prietenie
(a spus cîndva Vergiliu) te-nsoțește
de cînd, pierdută-n negură de vremi,
venit-a noaptea-n care ochii
tăi împăienjeniți au descifrat-o
în curtea ori grădina răvășită.
Au descifrat-o? Știu că cineva
Să-ți spună va putea într-adevăr:
Nicicînd tu luna n-o vei revedea.
Secătuită e statornicita
de soartă înșirare de prilejuri.
Vrei ale lumii porți să le deschizi
în van. Nu vei găsi-o. E tîrziu.
Trăim descoperind și-apoi uitînd
podoaba blîndă-a nopții, nelipsită.
Privește-o lung, căci poate-i cea din urmă.

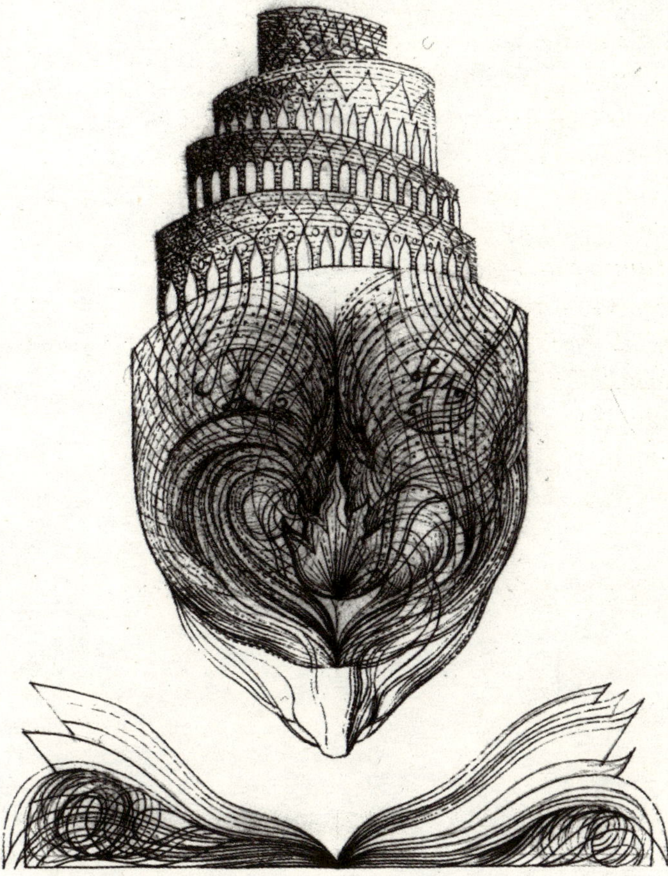

Atlasul

(1984)

Prolog

Cred că Stuart Mill a fost cel dintîi care a vorbit despre pluralitatea cauzelor; cît privește această carte, care de bună seamă nu este un Atlas, pot să semnalez două, fără nici o urmă de îndoială. Prima se numește Alberto Girri. În agreabilul parcurs al locuirii noastre pe pămînt, María Kodama și cu mine am străbătut și am savurat multe regiuni care ne-au sugerat multe fotografii și multe texte. Enrique Pezzoni, cea de a doua cauză, le-a văzut; Girri a observat că puteau fi țesute într-o carte, savant haotică. Iată cartea. Nu e alcătuită dintr-o serie de texte ilustrate cu fotografii sau de fotografii explicate printr-o inscripție. Fiecare titlu cuprinde o unitate, făcută din imagini și din cuvinte. Să descoperi necunoscutul nu e o specialitate a lui Sindbad, a lui Eric cel Roșu sau a lui Copernic. Nu există nici un om pe pămînt care să nu fie un descoperitor. Începe prin a descoperi ce înseamnă amar, sărat, concav, neted, aspru, cele șapte culori ale curcubeului și cele douăzeci și ceva de litere ale alfabetului, trece la chipuri, hărți, animale și astre; încheie cu îndoiala sau cu credința sau cu certitudinea aproape totală asupra propriei sale ignoranțe.

María Kodama și cu mine ne-am împărtășit cu bucurie din aflarea secretelor, limbilor, crepusculelor, orașelor, grădinilor și persoanelor, mereu distincte și unice. Paginile de față și-ar dori să fie monumente ale acestei lungi aventuri care continuă.

J.L.B.

Cezar

Aici, ce răvășit-au reci pumnale:
un mort. Aici e trupul spintecat
pe nume Cezar. Hoitul e-nsemnat
de cratere crestate de metale.
Aici temuta, azi înțepenita
mașinărie ce-i aduse slavă
acelui care fapta de ispravă
a săvîrșit și-a scris în împlinita-i
viață. Tot aici și împăratul
ce laurii-nțelept i-a refuzat,
ce răsărit și-apus a subjugat
și-a stăpînit și marea și uscatul.
Și altul tot aici, ce-avea să vină,
a cărui umbră fi-va-n veci lumină.

Darurile

Înavuțit cu darul invizibil
al muzicii, ce s-a născut și moare
în timp, cu-nsuflețiri fatale
și cu-al iubirii dor nestins, teribil,

să afle i-a fost dat că dintre toate
femeile frumoasă-i numai una.
În asfințit descoperit-a luna
și-algebra celorlaltor astre, toate.

Aflat-a mișelia trădătoare
și spadei i-a deprins nelegiuirea.
I-a plîns amar Cartaginei pieirea
în grea-ntre-Apus și Răsărit sfruntare.

Limbajul i-a fost dat, o amăgire.
Și trupul, pulbere și oseminte.
Și scîrbele și-un vis fără cuvinte,
iar în oglindă-a celuilalt privire.

Din cărțile ce timpu-a grămădit
niscaiva file numai i-au fost date
și-ntorsuri din Eleea neaflate,
pe care timpul nu le-a risipit.

Aprinsul sînge-al dragostei îngînă
mereu (cum spus-a grecul) vechea sfadă,
iar Cel al cărui nume este spadă
insuflă slova mîinii de țărînă.

Avut-a și-alte lucruri și-al lor nume:
cub, sferă și nisipul lunecos,
și piramidă, lemn neschimbăcios,
și-un trup spre a străbate-ntreaga lume.

În harul clipei sîrg a dovedit
și vrednicie. Rostul și-a găsit.

La o răscruce

Pe-aici de-atîtea ori vei fi trecut.
Nu-ți mai aduci aminte. Ți se pare
crîmpei de vis ce dincolo de zare
în negură demult a dispărut.
Necazurile soartei le-ai uitat.
Argilă e acum trecutul tău,
ce-i șters de timp și preschimbat mereu
de artă-n veci nedescifrat.
Din umbră parcă-o spadă s-a ivit
ori poate-o roză. Cine poate ști
ungheru-n care umbra le-a dosit?
Cenușa ți-a rămas. Atîta doar.
Iar măștile ce ți-a fost dat să fii
Le vei uita trecînd peste hotar.

Conjuraţii

(1985)

Inscripție

Să scrii un poem înseamnă să încerci o magie măruntă. Instrumentul acestei magii, limbajul, e foarte misterios. Nu știm nimic despre originea lui. Știm doar că se ramifică în idiomuri și că fiecare dintre ele constă într-un nesfîrșit și schimbător vocabular și într-un număr nesfîrșit de posibilități sintactice. Cu aceste elemente greu de stăpînit am alcătuit cartea. (În poem, cadența și atmosfera unui cuvînt cîntăresc mai mult decît scrisul.)

A dumitale, María Kodama, e cartea. Mai e nevoie să-ți spun că această inscripție cuprinde asfințiturile, cerbii din Nara, noaptea singuratică și gălăgioasele dimineți, insulele împărtășite, mările, pustiurile și grădinile, ceea ce pierde uitarea și ceea ce memoria transformă, glasul răsunător al muezinului, moartea lui Hawkwood, cărțile și planșele?

Nu putem da decît ce am dat deja. Nu putem da decît ceea ce deja aparține celuilalt. În această carte se află lucrurile care au fost întotdeauna ale dumitale. Ce taină este o dedicație, ce dăruire de simboluri!

J.L.B.

Prolog

Pe nimeni nu poate surprinde că primul dintre elemente, focul, nu apare prea des într-o carte a unui om de peste optzeci de ani. O regină, în ceasul morții, spune că e foc și aer; eu simt mai degrabă că sînt pămînt, pămînt secătuit. Continuu totuși să scriu. Ce altă soartă mă așteaptă, ce altă frumoasă soartă îmi rămîne? Fericirea de a scrie nu se măsoară prin virtuțile sau slăbiciunile scrierilor. Orice lucrare omenească e perisabilă, afirmă Carlyle, dar execuția ei nu este.

Nu am nici o estetică. Fiecare operă îi încredințează scriitorului forma pe care o caută: versul, proza, stilul baroc ori cel simplu. Teoriile pot fi admirabili stimuli (să ne amintim de Whitman), dar la fel de bine pot zămisli monștri ori simple piese de muzeu. Să ne amintim monologul interior al lui James Joyce ori extrem de incomodul Polifem.

Cu trecerea anilor, am observat că frumusețea, ca și fericirea, e frecventă. Nu trece zi în care să nu ne aflăm, pentru o clipă, în rai. Nu există poet, oricît ar fi de mediocru, care să nu fi scris cel mai frumos vers din toată literatura, dar, totodată, și pe cele mai nefericite. Frumusețea nu e privilegiul cîtorva nume ilustre. Ar fi ceva cu totul neobișnuit ca această carte, care cuprinde vreo patruzeci de compoziții, să nu găzduiască cel puțin un rînd tainic, vrednic să te însoțească pînă la sfîrșit.

În această carte există multe vise. Țin să lămuresc că au fost daruri ale nopții ori, mai precis, ale zorilor, nu ficțiuni deliberate. Abia dacă am îndrăznit să adaug cîte un amănunt circumstanțial, din acelea cerute de timpul nostru, începînd cu Defoe.

Dictez acest prolog într-una dintre patriile mele, Geneva.

J.L.B.

9 ianuarie 1985

Hristos pe cruce

Hristos pe cruce. Tălpile-i ating
pămîntul. Crucile-s la fel de nalte
Nu-i în mijloc Hristos. Al treilea este.
Barba lui neagră-atîrnă peste piept.
Iar chipul nu-i acela din icoane.
Chip aspru de evreu. Nu i-l zăresc,
dar îl voi căuta cît mi-o fi dat
să rătăcesc pe-acest pămînt. Bărbatul
pe cruce pironit își rabdă chinul.
Îi sîngerează fruntea cu spini încununată.
Batjocura mulțimii nu-l atinge.
Nu pătimește pentru prima oară.
E pătimirea lui? E-a tuturora?
Totuna e. Hristos suit pe cruce.
Îi fuge gîndul la împărăția
care-l așteaptă-n cer, la o femeie
ce nu a fost a lui. Nu bănuiește
teologia, nici treimea sfîntă,
pe gnostici, catedralele, jungherul
lui Occam, slujba, purpura și mitra,
cum Guthrum creștinat a fost cu spada,
și Inchiziția, și-atîția mucenici,
Ioana d'Arc, cumplitele Cruciade,
și Vaticanul binecuvîntînd
oștiri. El știe că nu-i zeu, ci om
ce moare-odată cu lumina zilei.

Îl dor piroanele înfipte-n trup.
Nu e roman. Nu-i grec. Pe cruce geme.
Metafore și pilde ne-a lăsat
și-o lege a iertării care poate
să șteargă tot trecutul (cum ne spune
un irlandez ajuns la închisoare).
Se-ntunecă. Sfîrșitu-și dă. Și duhul.
Sărmanu-i trup e năpădit de muște.
Mă-ntreb la ce bun oare-a pătimit
bărbatu-acela, dacă mie-acum
mi-e dat să pătimesc pe-același drum.

Kyoto, 1984

Urzeala

Migrațiile pe care istoricul, călăuzit de întîmplătoarele resturi
de ceramică și de obiecte de bronz, încearcă să le fixeze
pe hartă și pe care nu le-au înțeles popoarele care le-au
executat.
Divinitățile zorilor care n-au lăsat nici un idol și nici un simbol.
Brazda trasă de plugul lui Cain.
Roua de pe iarba Raiului.
Hexagramele pe care împăratul le-a descoperit pe carapacea
uneia dintre țestoasele sacre.
Apele care nu știu că sînt Gangele.
Greutatea unui trandafir din Persepolis.
Greutatea unui trandafir din Bengal.
Chipurile pe care și le-a pus o mască expusă într-o vitrină.
Numele spadei lui Hengist.
Ultimul vis al lui Shakespeare.
Pana care a trasat ciudatul rînd: *He met the Nightmare and
her name he told.*
Prima oglindă, primul hexametru.
Paginile pe care le-a citit un om neînsemnat și care i-au
dezvăluit faptul
că putea să fie Don Quijote.
Un asfințit roșu aprins ce stăruie pe un vas din Creta.
Jucăriile unui copil care se numea Tiberius Gracchus.
Inelul de aur al lui Policrate pe care Destinul l-a refuzat.
Nici unul dintre aceste lucruri pierdute nu încetează să proiecteze
acum o umbră nemărginită și să determine ce faci tu azi ori
ce vei face mîine.

Relicve

Emisfera australă. Sub algebra
de stele neștiute de Ulise,
bărbatul caută fără odihnă
relicvele-unei clipe de extaz,
cînd pragul l-a trecut al odăiței
cu număr de hotel, lîngă Tamisa
ce curge precum cellalt fir de apă,
subțire fir de timp elementar.
Durerea-și uită trupul și plăcerea.
Bărbatu-așteaptă și visează. Vag
recuperează-împrejurări banale.
Un nume,-o siluetă unduioasă,
un trup cu chip nedeslușit, penumbra
unui amurg, o burniță de toamnă,
pe-o lespede-un buchet de flori de ceară,
pereții goi, pereții goi, roz pal.

Sînt rîurile

Din apă ești făcut, nu din topaz.
Sîntem parabola lui Heraclit.
Învolburatul rîu necontenit
curgînd pe prund, nu lîncezind în iaz.
Și rîu sîntem, și grecul ce tresare
cînd se privește-n rîu. Sclipirea-i prinzi
în apa mișcătoarei lui oglinzi.
Cleștar cu ape veșnic schimbătoare.
Zadarnic rîu sîntem, predestinat
în drum spre mare.-N umbră cufundat.
Se-ndepărtează, pier în zare toate.
Memoria monedă nu mai bate.
Și totuși e ceva ce dăinuiește:
un vaier care urma ne-o jelește.

Înserarea

De ieri, de astăzi, ceasul înserării
e unul singur, de neconceput.
Aprins cleștar, mereu la început,
inaccesibil vremii și uitării.
Oglinzi sînt pentru veșnica-nserare
care-ntr-un tainic cer sălășluiește.
În ceru-acela spada își găsește,
loc hărăzit, și iazul, fiecare
cu arhetipul său, precum Plotin
ne-nvață-n cărțile-i la număr nouă.
Iar scurta viață dată astăzi nouă
aidoma e unui ce divin.
Așterne umbre blînda înserare,
ieri, astăzi, mîine-n veac neschimbătoare.

Elegia unui parc

Se pierde labirintul. S-au pierdut
în ceață șiruri de eucalipți,
umbrarele, și veghea necurmată-a
oglinzilor reduplicînd întruna
chip după chip în clipele fugare.
Ceasornicul oprit și foișorul
și iedera pe zidul împînzit,
statuile scîrnave, înserarea
ce schimbă ziua-n noapte, trilul vesel
al păsării și al cișmelei șipot
țin de trecut. Țin oare de trecut?
De început n-a fost, de nu va fi
un capăt nicăieri și de ne-așteaptă
șir nesfîrșit de zile și de nopți,
sîntem dintotdeauna-acest trecut.
Sîntem doar timp, indivizibil rîu,
sîntem Uxmal, Cartagina și zidul
de Roma năruit și sîntem parcul
pierdut și pomenit de-aceste versuri.

Suma

În fața unui zid ce ne apare –
nimic nu ne oprește – infinit,
un om s-a așezat și-a chibzuit
să zugrăvească-atent, cu-ndemînare
și sîrg, pe zidul alb întreaga lume:
tătari și porți, balanțe și iacint,
biblioteci și chei, și labirint,
cătînd să afle necuprinsul cum e.
Cu forme umple zidul, iară soartea
deloc avară, vrînd să-l răsplătească,
lucrarea-ngădui să isprăvească.
În clipa cînd a fost să-i vină moartea,
descoperi că-n osteneala-i vană
a zugrăvit pe zid a lui icoană.

Sherlock Holmes

Străbunii neştiuţi i-s, şi nici nu are mamă.
În neamul lui Quijano şi-al lui Adam încape.
Hazardu-i e plămada. E grabnic şi aproape.
Şi toanelor lecturii mereu plăteşte vamă.

Greşit nu e să credem că-n clipa s-a ivit
în care-l vede acela ce-i povesteşte soartea.
Memoria-n eclipsă îi prevesteşte moartea,
cînd îl visăm. Nici vîntul nu e ca el mai vid.

E cast. Nicicînd iubirea nu l-a-ncercat. N-o ştie.
Bărbatu-acesta mîndru a renunţat la gîndul
de a iubi. Trăieşte în Baker Street singur.
Nici a uitării artă nu poate să-l îmbie.

Un irlandez i-e tată, şi l-a visat cu toate
că vrut-a să-l omoare. Nicicînd nu l-a iubit.
Bărbatul singuratic mereu i-a urmărit,
cu lupa, soarta-i ciuntă, cu clipe suspendate.

Nu i se ştiu prieteni, dar grija nu-l slăbeşte
de semenii pe care, Apostol, i-a slujit,
şi pe răboj înscris-a isprăvi de-au săvîrşit.
Cuminte, la persoana a treia povesteşte.

În beci nu mai coboară. Ca prințul îndoliat
pe care-n Danemarca sfîrșitul l-a aflat,
făr' a cunoaște țara cea verde și bogată
în vitejii pe mare, de spadă și săgeată.

(*Omnia sunt plena Jovis*. La fel și noi putem
despre bărbatu-acesta să spunem, să-nchinăm
poemul umbrei sale mereu rătăcitoare
prin necuprinsa lume, diversă, schimbătoare.)

De crengi uscate focul la vreme-l întețește
și-n rîpă prăvălește dulăul din infern.
Bărbatu-acesta nobil nu știe că-i etern.
Repetă epigrame. Impasuri depășește.

Ivitu-s-a la Londra cea cufundată-n ceață,
o Londră a unui amplu imperiu capitală,
de care nu prea-i pasă, înveșmîntată-n fală
și calm mister, dar soarta nu și-o privește-n față.

Să nu ne mire însă, căci, după agonie,
norocul ori hazardul, drept ultimă solie,
la fiecare-mparte această tristă soarte
de-a fi ecou ori umbră înaintînd spre moarte.

Spre moarte, pînă-n ultima clipă, cînd uitarea,
ce-i capăt tuturora, pe veci ne va-ngropa.
'Nainte de-a ajunge la capăt vom proba,
În jocul marii treceri, ființa și purtarea.

Aminte să ne-aducem de Sherlock Holmes e una
din bunele deprinderi ce ne rămîn. Iar moartea
și tihna-s celelalte. Aceasta ne e soartea:
zăbava-ntr-o grădină ori – spre visare – luna.

Un lup

Ascuns și sur în ultima penumbră,
își lasă urmele pe malu-acestui
rîu fără nume-n care-și potolește
cumplita sete. În această noapte
în unda lui nu se-oglindește steaua.
O umbră singuratică e lupul
ce, zgribulit, își caută perechea.
E cel din urmă lup din Englitera.
Odin și Thor știu asta. În palatul
săpat în stîncă hotărît-a riga
toți lupii să-i stîrpească. S-a călit
tăiosu-oțel ce-ți pregătește moartea.
Oh, lup saxon, în van te-mperechezi.
Scăpare nu-i. Rămas-ai cel din urmă.
Vor trece ani o mie, și-un bătrîn
te va visa-n America. Zadarnic
e pentru tine viitorul vis.
Te-nchid în cușcă azi bărbații care
cîndva-ncercau să-ți ia-n pădure urma.
Ascuns și sur în ultima penumbră.

Neguri (I)

Pe lume totul fi-va risipit
în neguri. Aste mîndre catedrale
de vastă piatră, biblice cristale
în cer suite timpu-a năruit.
Și *Odiseea*-n care-n veci surprind
știute lucruri noi. Mereu ne-arată
alt chip oglinda ochiul cînd o cată,
iar ziua-i îndoielnic labirint.
Sîntem cei ce se duc. Metamorfoză
de neguri destrămate-n asfințit.
Icoana noastră e, necontenit,
o roză ce se schimbă-n altă roză.
Ești negură, ești capăt și-nceput.
Tot ce-ai avut și tot ce ai pierdut.

Neguri (II)

Munți albi plutesc pierzîndu-se în zare
ori cordiliere tragice de umbre,
ce ziua o îmbracă-n straie sumbre.
Sînt nori cu-alcătuiri prelungi, bizare.
A contemplat și Shakespeare un balaur
în chip de nor, ori invers, în cuvinte
ce-l fac să strălucească. Se aprinde
și îl vedem și-acum: un nor de aur.
Sînt negurile-o vagă-arhitectură
de pur hazard? Ori Domnu-n bună știre,
avînd a săvîrși a Lui zidire,
din lîna lor urzeala-și țese-obscură?
Ca tine, ce-i privești ca pe-o minune,
și ele-s, poate, tot deșertăciune.

On His Blindness

Mai strîns a început să mă-mpresoare
stăruitoare ceață luminoasă,
ce una doar din întocmiri îmi lasă:
aproape-un gînd; nici formă, nici culoare.
Elementara noapte necuprinsă
și zarva zilei țes o ceață deasă
de palidă lumină credincioasă,
ce nu dispare-n zori. Cu-ardoare țin să
zăresc o față îndrăgită. Una.
Neexplorată-i enciclopedia,
și ștearsă-a cărții-atinse bucuria.
Uitate-s zborul păsării și luna.
Ceilalți sînt hărăziți cu universul.
Eu cu penumbra, șlefuindu-mi versul.

Enrique Banchs

Bărbatul era searbăd. Oarba-i soarte
fu ca femeia lui să nu-l iubească.
Oricine-ocara poate s-o pățească,
dar dintre cîte are omul parte
ăst neajuns mai tare-l amărăște.
A vrut să-și curme viața. Nu știa
că spada, fierea, suferința grea
sînt talisman de preț ce netezește
drum spre-a le pune-n cartea ce trăiește
mai sus de mîna care-o izvodește
și de vitraliul care-mpodobește
sfinția. Cînd scrisoarea și-a-ncheiat
pieri-n mulțime vrednicul bărbat
ce pagini neuitate ne-a lăsat.

Cenușă

Odaia de hotel, la fel cu celelalte,
și ceasul neatins de taină, tihna
siestei care lin ne împresoară,
și apa de izvor sorbită cu nesaț
și ceața-aceea luminoasă care
necontenit dă orbilor tîrcoale,
adresa unui ins care-a murit
și visul destrămat. În fața ta,
curgînd molcom, nedeslușitul Rin.
Și slăbiciunea care te cuprinde.
Prea șterse sînt spre-a fi trecute-n vers.

Haydée Lange

Corăbiile, spadele albastre
ce s-au desprins cîndva de-un țărm norveg,
de țărmul tău norveg, și-au cotropit
tot ce-au găsit în drum pe-ntins talaz,
lăsat-au timpului, zi după zi bătut,
șirag de epitafuri scrijelite
în piatră dură: runice inscripții.
Cleștaru-apoi de-oglindă ce te-așteaptă,
și ochii tăi privind în altă parte,
și cadra de icoană nevăzută,
grilajul de grădină-n asfințit,
ușoru-accent englez din glasul tău,
și haina ponosită a lui Sandburg,
și luptele lui Bancroft și lui Kohler,
și silențios fundal strălucitor,
și vinerile noastre-mpărtășite,
deși numele tău nu-l pomenesc,
aceste lucruri totuși îl rostesc.

Despre variata Andaluzie

Bogat tărîm! Lucan își cizelează
vers prețios, iar celălalt – sentința.
Moscheea, arcurile, iscusința
grădinilor cu șipote-n amiază.
Și taurii. Și-al tobei răpăit.
Și melodia dulce, orientală.
Cartierul evreiesc cu-a lui cabală.
Și bunul obicei de trai tihnit.
Și Rafael reînviind trecutul
petrecerilor. Góngora de aur.
Sosit din Indii, fabulos tezaur.
Corăbiile, spadele și scutul.
Le-a izvodit pe toate vitejia,
și-un singur nume poartă: Andaluzia.

Góngora

Marte, război. Apollo, foc ceresc.
Neptun e marea. Ochii mei s-o vază
nu pot, căci zeul o încețoșează.
Vestigii ce pe Domnu-l surghiunesc
din inima curată. Mi-a sortit
ursita stranie idolatrie.
Sînt năpădit de grea mitologie.
Captiv, căci de Vergiliu sînt vrăjit.
De el și de latină. Am făurit
din orice vers ermetic labirint
de împletite vorbe ce te prind
în laț, neînțelese, joc căznit.
Văd peste vremi cum o săgeată-n zbor
încremenește,-n lacrima fierbinte
văd perla, și cleștar văd în izvor.
Ciudată-mi este arta. Ia aminte.
Nu-mi pasă de batjocuri ori de-ocară.
Cosițele în aur le-am schimbat.
Și totuși o-ndoială mă-nfioară:
de numele meu Domnul n-a uitat?

Încerc la lucruri simple să revin:
la trandafiri, la pîine și la vin.

Ziua de ieri, un vis

Nimicuri. Cuțitari temuți cîndva,
o mînă ce strunește o chitară,
un glas ce-a răsunat odinioară
spunîndu-le povestea, ce se va
preface în legendă. O-ncăierare
cu șișuri scăpărînd în noaptea rece.
De-n lupanar ori templu se petrece
totuna-i. Pentru mine nu-i scăpare.
De-ajuns mi-a fost să scriu o-nsîngerată
mitologie astăzi învechită.
Istoria din cărți și cea ivită
în mahala himerice se-arată.
Trecutul este lutul plămădit
de-un veșnic azi stăpîn. Necontenit.

Conjurații

În centrul Europei au pus la cale o conspirație.

Faptul datează din 1291.

E vorba despre oameni de neamuri diferite, care au religii diferite și vorbesc limbi diferite.

Au luat ciudata hotărîre de a fi rezonabili.

Au hotărît să uite deosebirile dintre ei și să pună accentul pe afinități.

Au fost soldați ai Confederației și apoi mercenari, fiindcă erau deprinși cu războiul și nu știau prea bine că toate faptele omului sînt la fel de zadarnice.

Au fost Winkelried, care se repede cu pieptul în lăncile dușmanilor pentru ca ai săi să poată birui.

Sînt un chirurg, un pastor și un administrator, dar sînt de asemenea Paracelsus și Amiel și Jung și Paul Klee.

În centrul Europei, pe plaiurile înalte ale Europei, se ridică un turn de rațiune și de credință nestrămutată.

Cantoanele sînt acum douăzeci și două. Cel din Geneva, ultimul, e una dintre patriile mele.

Mîine vor fi întreaga planetă.

Poate că ceea ce spun nu-i adevărat; dea Domnul să fie profetic.

Cuprins

ÎN SERIA DE AUTOR „JORGE LUIS BORGES“
au apărut:

Poezii
Moartea și busola. Proză completă 1
Cartea de nisip. Proză completă 2
Eseuri
Cartea ființelor imaginare
Cărți scrise în doi
Texte captive
Dialoguri
Borges la 80 de ani. Cărțile și noaptea
Tangoul. Patru conferințe

www.polirom.ro

Coperta: Radu Răileanu
Tehnoredactor: Luminița Păun

Bun de tipar: ianuarie 2023. Apărut: 2023
Editura Polirom, B-dul Carol I nr. 4 • P.O. BOX 266
700505, Iași, Tel. & Fax: (0232) 21.41.00; (0232) 21.41.11;
(0232) 21.74.40 (difuzare); E-mail: office@polirom.ro
București, Splaiul Unirii nr. 6, bl. B3A,
sc. 1, et. 1, sector 4, 040031, O.P. 53
Tel.: (021) 313.89.78; E-mail: office.bucuresti@polirom.ro

---

artprint®
start printing smart

Contravaloarea timbrului literar se depune în contul
Uniunii Scriitorilor din România
Nr. RO44RNCB5101000001710001 BCR UNIREA